這就是北歐人

從食衣住行育樂了解北歐生活

圖·文◎李清玉

PART ONE

北歐人的食

PART TWO

北歐人的衣

PART THREE

北歐人的住

PART FOUR

北歐人的行

PART FIVE

北歐人的育

PART SIX

北歐人的樂

<編輯序>

挪威已經連續多年被聯合國人類發展報告評為世界最適合居住的國家；根據世界經濟論壇的評比，在女性賦權方面，北歐經常包辦了前五名；而環境永續發展指數的報告，榜首也常是北歐國家……擁有這些神奇數據的北歐，這些年來吸引了全世界的注意目光。

我想，許多人都和我們一樣好奇，北歐究竟是一個什麼樣的地方？北歐人過的是怎樣的優質生活？因此我們邀請了在自助旅行期間為北歐的山水驚豔，因而決定去瑞典唸書，後來又嫁給挪威老公的李清玉著書分享。她在台灣長大受教育，之後又在北歐留學、生活多年，將確確實實的北歐生活體驗， 化成39篇食衣住行育樂的圖文，讓大家透過這本學習工具書認識北歐人的生活哲學，未來如果有機會前往北歐，也能比觀光客更懂得體驗當地的風土民情。

主編 劉育孜

<作者簡介>

李清玉，台大工學院畢業，曾負笈瑞典隆德大學，目前是住在挪威的台籍外配，育有一子，挪威森林裡的一株「小樹」。

旅行、外語和文化學習，是她在大學時期就培養出來的興趣。一次歐洲自助旅行中，她在峽灣間的公車上結識了挪威老公。2003年婚後移居挪威第三大城特隆赫姆，現職特隆赫姆市政府環境部門，有10年的挪威公務員生涯經驗。關心不同的社會議題，熱衷不同的文化活動，算是生活上相當活躍的人。

第一次遊北歐是在閒適舒爽的夏季，當下她便想找機會到那裡感受分明的春夏秋冬，如今已有超過三分之一的人生住在北歐。台灣社會的熱鬧多元，北歐生活的清新簡約，兩者大異其趣，卻也各有其迷人之處。不管週遭的景物如何變換，「隨遇而安」是她此生的自我期許。

「樂活，特隆赫姆。」部落格：

happytrondheim.blog

<作者序>

四季、平等、平衡、DIY、科技、傳統、設計、自然、環保、文化。

這是我整理出來的《特隆赫姆樂活的10個元素》。幾年前我以此為題，幫城裡的中國學生做了一場小講座。當時的心得和觀點，現在看來還是十分貼切，這些也是我想在這本書裡呈現出來的北歐生活元素。

我2003年移居挪威，在那之前曾在瑞典留學一年多，一轉眼北歐這個場景已占去我超過三分之一的人生經歷。時間久了，許多事情變得理所當然。2年多前某日，一個英國同事和我說：「最近丹麥的hygge在英國好紅啊，我的朋友紛紛問起這究竟是怎麼回事。」為了這本書，我又重新戴上探究的眼鏡。

北歐五國（the Nordic countries）包含了丹麥、芬蘭、冰島、挪威和瑞典。以地理位置來看，這些國家似乎是位於歐洲的邊陲。除了丹麥以外的北歐國家，人口密度每平方公里皆在25人以下，跟擁擠的台灣比起來，是著實的地廣人稀。

相較於德英法等歐洲國家，台灣的朋友對北歐的認識一般而言並不深，但很多人對北歐的社會福利和自然風光是十分嚮往的。北歐國家的政府把人民的生活照顧得很好，但是稅收很重，物價超貴。北歐有峽灣和湖泊，北極圈內夏天永晝冬天永夜，極端壯闊的景致吸引了世界各地的觀光客到此遊覽。北歐出了不少國際知名品牌，諸如瑞典的

IKEA家居和H&M流行服飾等，北歐設計的極簡風格也頗受歡迎。

除了上述這些印象，北歐國家近年來在一些國際評比中優異的表現，更讓世人不禁把目光移到那塊遙遠的土地。「最快樂的國家」和「最有文化的國家」都在北歐；《人類發展指數》、《美好生活指數》、《全球性別差距報告》榜單上前幾名都由北歐國家包辦；此外還有國家競爭力、官員清廉度、新聞自由度、環境永續性發展指數等。

於是可能有人好奇，評比「資優生」北歐的日常生活是怎麼樣的呢？有什麼地方值得我們參考學習？

2016年，丹麥文的hygge成為英國年度關鍵字之一。除了丹麥人hygge愉悅舒適的幸福學，北歐其他國家也有自己的獨特關鍵字：挪威人投入friluftsliv野外的自然生活，瑞典人重視lagom保持「剛剛好」的生活平衡，芬蘭人的sisu精神強調堅韌和持久。

我跟北歐的緣分，是從1998年的自助旅行開始的，當時我在北歐停留了一個月。夏天的瑞典和挪威，天空遼闊、景色優美、空氣清新、白晝漫長，那樣的諸事美好讓我不禁想知道北國的冬天究竟是怎麼一回事。那次旅行還有另一個改變我一生的收穫，我在挪威峽灣間的公車上結識了我未來的老公！2003年婚後我搬到中挪威的特隆赫姆定居，幾年後生下兒子「小樹」，然後進入職場當公務員，參與地方氣候政策的制定和執行。多年下來，我得以近距離觀察北歐的人事物，感受分明的春夏秋冬。我由衷地喜歡我在北歐的生活，寧靜平實卻隨處可見精彩。

北歐人的生活是跟著自然律動的。春天來的時候，人們開始整理花園，迎接大地的復甦；夏天人們則盡可能地從事戶外活動，

放慢生活步調，享受難得的陽光；秋天有人喜歡走進森林去採果打獵，然後用傳統的方法把新鮮的食材保存起來；冬天外頭又冷又黑，人們通常就待在自己溫馨舒適的家裡，偶爾找朋友來小聚，或是出去滑個雪。

你可以叫他們「摩登原始人」。北歐人的科技發展足以傲視全球，但同時他們也熱愛並珍惜自己的傳統；很多北歐人一放假便等不及要遠離塵囂，到山間水邊的度假屋去過幾天清靜的好日子。北歐人注重休閒、愛好自然的生活態度，跟他們的設計品一樣，探觸到人性的深處，十分值得我們借鏡，藉以重新思考人生的價值。

感謝太雅出版社，讓我有機會重新檢視《學北歐人過生活》的內容。「生活學習」這個題目過於巨大，卻也趣味十足。我寫到的內容恐怕只是鳳毛麟角，總之就是試著從一個在地的角度介紹北歐，食衣住行育樂的日常面。

最後，我想要感謝「北歐」，這塊土地給我的靈感、和所有讓我樂活的人事物。希望這本書裡所呈現的觀察和記錄，能為親愛的讀者們帶來一些實用有趣的新點子及新思維喔！

謹將此書獻給我在台灣和挪威的家人，並由衷感謝所有在著書過程中幫助過我的好朋友們，北歐和非北歐。

I'd like to dedicate this book to my family in Taiwan and Norway and thank all the friends who have helped me during the making of this book, Nordic and non-Nordic. Tusen hjertelig takk!!

李清玉

URTESALT 'einer og sopp'
URTESALT 'løvetann'
URTESALT 'ville urter'

PART ONE

FOOD

北　歐　人　的　食

做挪威輕食
午餐便當

挪威人全國上下，從大經理到小學生，都不乏自己帶「便當」的，便當的內容差不多就是幾片簡單的開放式三明治。學挪威人午餐簡單吃，就不會因為中午吃太多，下午上班的時候昏昏欲睡。

❶ 哥本哈根有不少專門賣開放式三明治的餐廳。
❷ 丹麥遊子會思念的裸麥黑麵包。
❸ 風行北歐的脆麵包。
❹ 芬蘭人的卡瑞利亞派，裡頭包著米粥。
❺ 扁麵包，配挪威魚湯很棒。

在西方的飲食中，麵包扮演了十分重要的角色，這點無庸置疑，但是「開放式三明治」(open-faced sandwich)這東西，絕對是斯堪地納維亞地區的特色。開放式三明治smørrebrød這個字的原意不過就是「奶油麵包」，其基本構成很簡單：一片麵包，塗上奶油，上頭再舖些料。

為什麼北歐人的三明治是開口笑的，緣由我太不清楚，但我想這樣是不是讓人能一目了然看到食物的口味，然後比較能促進食慾？

麵包種類形形色色

有一回，一對住在台北的德國朋友跟我抱怨：「你們這裡怎麼都找不到真正的麵包！」嗄？我們的麵包店滿街都是，而且口味眾多，他倆何出此言呢？直到我真正接觸到德國和北歐的飲食，我才漸漸了解

2

3

答案。對我的朋友來說，麵包的口味應該是在麵包本身紮實的麥香穀香吧。

說到「丹麥麵包」，大家可能第一個想到的是那種類似可頌、酥酥鬆鬆的點心，英文裡也叫它做Danish Pastry。但是在丹麥文裡它的名稱反而是「維也納麵包」(Wienerbrød)，這可能要追溯到麵包當初的烘培背景，不過它應該算是丹麥的發明沒錯。然而，我覺得真正「丹麥」的麵包，非那種用裸麥製成的黑麵包莫屬了，類似的黑麵包在德國也常見。丹麥黑麵包很結實，營養足、份量夠，薄薄幾片就能讓人飽意良久，但是它的口感特殊，有股淡淡的酸味，可能要花一些時間才能習慣。

除此之外，北歐的麵包種類還真不少。瑞典人最愛的脆麵包(瑞：knäckebröd)，看起來其實像餅乾一樣；芬蘭人有吃粥的習慣，卡瑞利亞派是裸麥的麵包外皮裡頭

4

5

包著米粥(芬：karjalanpiirakka)；喝挪威魚湯的時候，常常可以用傳統的扁麵包(挪：flatbrød)來配，這種麵包完全不含發粉和酵母。

麵包可以說是北歐人最重要的營養來源，吃什麼麵包最健康，也成了一大課題。麵包顏色深並不代表其全麥程度就比較高，消費者容易被誤導。挪威有一個「麵包全麥分級標誌」(Brødskala'n)，意在幫助消費者作正確的選擇。

❶ 華麗的鮮蝦鋪物。
❷ 挪威常見的管狀鋪物。

從簡單到華麗的「鋪物」

談完了麵包，接著就是跟大家介紹「鋪物」(挪：pålegg，丹：pålæg)了。鋪物顧名思義，就是開放式三明治上面鋪的料，其種類五花八門，可以是家常的簡單、也可以有宴會的華麗，不過大概也不離肉製品、海鮮製品、蛋和起司之譜。

黑麵包和肝醬(丹：leverpostej)這個組合，據說是旅居海外的丹麥遊子最想念的家鄉味。各式火腿總是很受歡迎。烤牛肉配一種濃郁的美乃滋醬，上面加幾片醃黃會更爽口些。

海鮮方面，醃鯡魚和燻鮭魚很普遍，此外還有蝦仁、魚子醬等等。有人叫鯡魚作「海中之銀」，醃鯡魚除了淡酸的基本款之外，還有番茄、芥末、咖哩等口味。燻鮭魚上面鋪些香軟的煎蛋捲，則是我的最愛之一。

起司的話，挪威的棕色起司(挪：brunost)很特別，要介紹一下。大部分的起司都是用乳品的凝乳部分製成的，棕色起司則是用牛乳或羊乳的乳清當主要原料，吃起來甜甜的，有焦糖的味道，跟一般的起司大不相同。

挪威人的便當

瑞典人的午餐大多是熱食，但鄰國挪威人卻只吃幾片冷麵包。挪威人全國上下，從大經理到小學生，都不乏自己帶「便當」(挪：matpakke)的，便當的內容差不多就是幾片簡單的開放式三明治。這個習慣我到現在還是沒有辦法接受，我總覺得午餐要熱食才有滿足感。不過中午吃太多的副作用是，下午上班的時候昏昏欲睡。挪威人的午休一般只有半個小時，對他們而言，午餐簡單吃，吃完早早上工早早下班，也許也不算壞事呢。

吃什麼麵包最健康，是一大課題。挪威的「麵包全麥分級標誌」(Brødskala'n)，意在幫助消費者作正確的選擇。

挪威的麵包全麥分級標誌。

Step by step

一起來做挪威便當

1 全麥麵包3～4片，麵包上先塗一層奶油。

2 放上自己喜歡的舖物。舖物的話以黃起司、棕起司、火腿和肝醬為大宗。有人為了吃時方便，會把麵包片切成兩半。

(F. Melum提供)

(F. Melum提供)

3 4片都做好之後疊在一起，中間用一種特殊的防油紙隔開，用餐紙包起來、或是放進便當盒裡，放便當盒麵包比較不會被壓扁。

(F. Melum提供)

4 吃便當的時間到囉！

這個做法其實頗為單調，我有一些挪威同事可以數十年如一日地吃這樣的午餐，我其實蠻佩服的。但總之就是給大家作個參考，喜歡的話不妨發揮創意變化一下，為自己做一份清爽的輕食午餐吧！

全民總動員到自然中找食材

時序進入夏末秋初，北歐人就開始期待，又到了去森林裡採莓尋菇的季節了！瑞典、芬蘭、挪威這3個國家幅員廣大森林遍布，真的是摘採者的天堂。其實當季的莓子和鮮菇超級市場裡不是沒得賣，但北歐人認為，扶老攜幼到森林裡活動，既可以親近大自然，又能達到運動健走的效果，就算收穫不理想也沒有太大關係。

❶ 在芬蘭的森林裡，穿上雨鞋就不用擔心地上的泥沼了。
❷ 你找到灌木叢中藍莓的蹤跡了嗎？
❸ 順手摘一把藍莓送進嘴裡，充滿大自然的清新。
❹ 雲莓應該算是北歐自然裡的特產，用買的不便宜喔。

1

2

3

(G. Peters 提供)

想想大自然孕育出新鮮美味的食材，如果沒有好好利用，多麼可惜。根據估算，季節一到，北歐的森林裡蘊藏了上百萬噸的各式莓子和可食用的菇種，被摘採的只占其中一小部分而已。據說芬蘭500多萬的人口中，每年會有約200萬人到森林去摘採菇莓，這個活動的魅力可想而知囉。

莓子鮮豔欲滴

7月底8月初，各式莓子漸漸開始成熟了。到森林裡去走一圈，莓子的蹤影隨處可見，藍莓、小紅莓、覆盆子莓、越橘、各色醋栗，順手摘一把送進嘴裡，酸酸甜甜的滋味，充滿了大自然的清新。

我和老公偶爾也會到城市近郊的森林裡去採藍莓。我們一人拿著一個塑膠容器，認真地在日漸由綠轉紅的灌木葉中尋找那一小點、一小點的藍色果實。摘過藍莓的手指會被染成紫紅色，要清洗並不難，但得小心別弄到衣服上，古代人可是用藍莓當染料的！想加快採莓速度的話，也有一種特殊的工具可以使用。

北歐野地裡的莓子中，比較特別的是外號叫「濕地裡的黃金」的雲莓(cloudberry)。這種金黃色的小果實，口感多汁，略帶焦糖味，市場上要價不菲，發現雲莓的人可是不會把地點隨便透露給別人知道的。雲莓加鮮奶油是挪威人耶誕節的甜點之一，十分可口。

1 摘採菇莓的標準配備！採菇一般要準備竹籃和小刀，避免用塑膠袋裝菇。圖中這位太太也有採莓的網篩。

2 這些菇有劇毒，千萬不要亂吃！

3 菇中之王金黃色的雞油菌，用奶油清炒一下就是超級美味了。

採蘑菇像尋寶

2005年的夏天，北歐的天氣不太好，潮濕多雨，陽光不太多見，這對得常年忍受漫漫冬日的北歐人來說，絕對是悶事一件。瑞典首相培爾森一日透過媒體試著安慰國人：「看來我們今年採菇會大豐收！」

秋天略帶濕意的森林裡，各種野菇真的遍地皆是，但對沒經驗的新手來說，這無疑也是一種挑戰。因為不是每一種菇都適合食用，誤食之後，有些會造成腸胃不適，有些甚至有劇毒，可能損害肝腎功能、或使人喪命，所以事前的準備是很重要的，可以準備一本磨菇圖鑑按圖索驥，或請有經驗的朋友同行。

在挪威，有時候可以看到「野菇品管員」在特定的地點幫民眾把關，把菇獲中有毒或不適合食用的品種挑出來，一邊挑、一邊教育民眾一些辨識的技巧。對我

在挪威，有時候可看到「野菇品管員」在特定的地點幫民眾把關，把菇穫中有毒或不適合食用的品種挑出來，一邊挑、一邊教育民眾辨識的技巧。

來說，某些毒菇和食用菇外表還真的頗為神似，最保險的作法其實就是鎖定幾種安全又好吃的「三星級」菇種，不認識的最好不要隨便亂摘。

一般公認的菇中之王應該非金黃色的雞油菌(chanterelle)莫屬了。這種菇除了好吃以外，它特殊的外表也特別好辨認，在樹林間遠遠用目光搜索到一群雞油菌的那一剎那，感覺真的就像中了獎一樣！

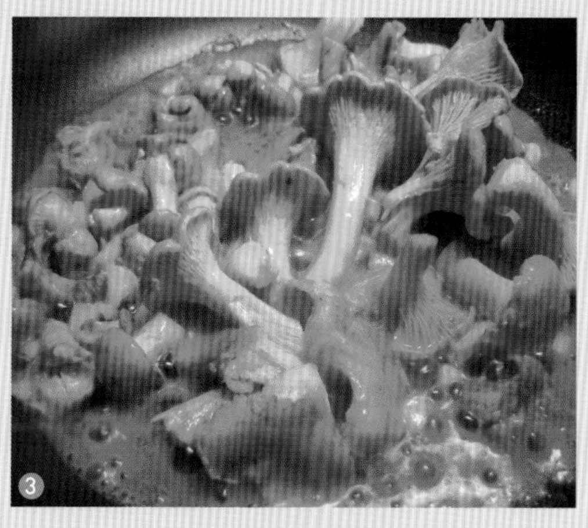
3

小心迷路，小心熊？

我在瑞典念書的時候，學校為我們安排了一趟採菇之旅。隨行有一位專家，他叫大家先去林子裡把舉目所及的不同菇種都找來，然後為我們上一堂簡單的野菇辨識課，講解結束後，大家就自行解散去尋寶。採菇完畢準備回家時點名，我們發現斯洛伐克來的米蘭不見了！有幾個同學回森林裡找人，還是遍尋不著。原來米蘭迷了路，從森林的另一頭走出來，最後是一對好心的瑞典夫婦用車載他回集合地點跟我們會合。

在北歐浩瀚的森林裡採莓尋菇，除了要注意不要迷失方向之外，一般是不用擔心毒蛇猛獸來侵襲的。雖然如此，芬蘭朋友凱莎告訴我，季節一到，芬蘭的一些報紙上還是會提供民眾「遇到熊如何自保」之類的資訊，一方面是展現幽默，一方面也幫大家做好萬全的準備吧。

學北歐人體驗下廚樂趣

北歐會煮飯的男生不在少數，不然至少也會幫忙洗碗。北歐人認為，男人在職場上能叱吒風雲是一回事，在家中廚房能料理出讓親朋好友讚不絕口的好菜，也是令人心羨的特質。

老公為我烤的生日蛋糕。

當台灣社會還在提倡「爸爸回家吃晚飯」的時候，北歐的男人們早就已經在自家的廚房活動裡占有一席之地了，會煮飯的男生不在少數，不然至少也會幫忙洗碗。當年我自助旅行到了奧斯陸，新朋友克里斯帶我市區遊覽一圈後，接著說要請我吃晚飯。大約知曉北歐人習性的我，試探性地問：「你該不會要親自下廚吧？」他笑嘻嘻地回答：「沒錯，咱們先去採買，然後到我家去！」

北歐人為什麼不分男女都能下廚，其實也是有原因的，外食實在太貴了，不自己煮不行。在台灣，學生宿舍裡幾乎沒有廚房，外宿的年輕學子一天三餐台票200絕對可以搞定，這以北歐的消費水準而言簡直就是作夢。其實不要把做飯當成煩悶的家務的話，廚房也算得上是家裡創造飲食藝術的地方。只能吃卻不會下廚，是不是好像就少了點生活情趣？

北歐不分男女都要上家政課，老師會教導學生認識味道、討論一些飲食相關議題，真的可以讓學生得到受用一生的知識。

男生也要上家政課

在我成長的年代，學校教育中家政和護理是很女生的東西，男生則是上軍訓和工藝。有些學校為了升學考量，乾脆把很多生活技能與美術音樂等課程都砍掉了，以專心培養讀書機器。我跟老公討論起此事，他說他從小到大，沒有一堂課是男女有別的，當然家政課也不例外。老公還驕傲地告訴我，他當年可是家政老師的得意門生呢！

挪威小學有飲食與健康這門課，兒子6年級有廚房實作的項目，學校規定大家要自備圍裙。芬蘭朋友亨莉卡的媽媽是家政老師，有一回我跟著去學校裡參觀8年級上家政課的情形，學校不大，但是家政教室十分寬敞，設備也一應俱全。課室中大家分成了幾個兩人小組，有些人負責烹飪，兩個男生揉著麵糰準備做烤起司條，兩個女生一邊把幾種不同的起司裝盤、一邊認識味道；其他小組則討論著一些飲食相關議題，如厭食症、肥胖及基因改造食品等。下課前20分鐘，全班聚在一起享用烹飪小組的成果。像這樣的家政課真的可以讓學生得到受用一生的知識。

烹飪節目和部落格的啟發

對喜歡下廚的人來說，電視上的各式烹飪節目是重要的靈感來源，英國傑米・奧利弗的居家風格讓很多北歐人大受啟發。男人在職場上能叱吒風雲是一回事，在家中廚房能料理出讓親朋好友讚不絕口的好菜，也是令人心羨的特質。

挪威的一家媒體公司製作了一個叫New Scandinavian Cooking的系列節目，在全世界不少國家播放，擔綱的有來自北歐挪瑞丹芬4國的知名主廚。有興趣的人不妨上他們的網站看看，那裡也有不少食譜分

> 外食實在太貴了，於是北歐人大多樂於自己下廚，不但省錢，還可以創造不少的生活情趣。

享：www.scandcook.com。

近年來，美食部落格和其他社群網路資源也是提升居家廚藝的重要推手，有任何需要，網路上輕鬆可以找到各式食譜做參考。Trine Sandberg是挪威最受歡迎的美食部落客之一，她原本是個法律專家，2014年正式轉業全職進入美食界，她出了3本食譜書，從日常餐點到宴請賓客的點子都有。

我也是一個愛吃愛煮的人，常在臉書和IG上分享我煮食的成果。2018年底我成立了一個「一月無肉」(Kjøttfri januar)的臉書社團，推廣低碳健康的飲食習慣，為此我還特別請朋友設計了一個社團專屬圖像，獨樂樂不如眾樂樂啊。

超市裡國際化的選擇

逛進北歐的超市，大家可以在架上發現不少具有異國風味的調味料和食材。北歐人吃的口味隨著旅行的足跡也越來越國際化，義大利麵、墨西哥餅和中國米飯早已廣為人接受，最近日本壽司和泰式椰汁咖哩也正風行。超級市場裡的各式醬料用起來很方便，輕輕鬆鬆就讓晚餐桌上充滿變化，如果嫌味道不夠道地，當然也可以去移民開的食品行找尋更進階的食材。

說到這裡是不是很多人躍躍欲試了呢？北歐大部分的青年旅館都有設備齊全的廚房供住客使用，來自助旅行的朋友不妨多加利用，先到超市裡去逛一圈採買，再煮一盤好料慰勞自己，既省錢又可以體驗當地生活，一舉數得哩！

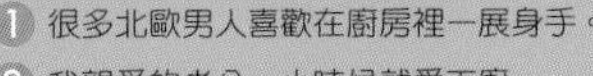

1 很多北歐男人喜歡在廚房裡一展身手。

2 我親愛的老公，小時候就愛下廚。

3 我兒子小時候也進廚房。

4 有機會到北歐自助旅行的話，別忘了到超市裡逛逛。

5 我請朋友設計的「一月無肉」社團圖像。

KJØTTFRI
JANUAR

新鮮果醬 延長自然 賞味期限

北歐人的烹飪藝術跟中國人或法國人相比，道行算淺，但是有時候新鮮簡單的食材原味最美，這點北歐人深知。隆冬時節，打開一罐秋天時自己做的果醬，真的會讓人幸福地微笑呢！

❶ 季節一到，市集裡不難找到新鮮的果子。

❷ 婆婆老家院子裡的櫻桃樹，結實纍纍。

How to do……

草莓果醬作法：

婆婆和老公都喜歡用冷凍的方式做草莓果醬，沒有經過烹煮，比較能保持草莓的原味。原料的部分有凍粉(挪：frysepulver)。這裡分享的食譜是不需要凍粉的版本：

1.>原料：1公斤去梗草莓，500ml白糖，1顆檸檬的汁。

2.>草莓不要過度清洗以免水分過多，每顆草莓切成4～6小塊，加入一部分的糖攪拌，靜置一個小時出汁。

3.>取一個鍋子開中火，倒入檸檬汁和剩餘的糖，糖溶解之後倒入靜置後的草莓。

4.>煮約10分鐘，將煮好的果醬倒入乾淨的玻璃容器，倒滿蓋緊，冷卻後即可食用。

春耕、夏耘、秋收、冬藏。這樣的節奏，在現今摩登的北歐社會還是可以感受到。

有時後真的很難想像，古時候的北歐人沒有超級市場和冰箱，是怎麼熬過萬物盡枯的冬天的。幸虧夏秋兩季，北國的大地有著旺盛的生產力，各種莓子果子在自家花園裡、樹林中，隨處可見。採收之後，用一些方法把它們做成果醬、果泥或濃縮果汁，既美味又營養。科技時代來臨之前，人們也必須依賴各種食物保存的方法過冬，畢竟入冬以後，新鮮的食材就難找了。

生活在亞熱帶台灣的人們是幸運的，一年四季不愁沒有新鮮的水果吃，但偶爾自己動手做果醬，絕對有另一番新鮮滋味。有些北歐人還會把自製產品包裝起來送人，那可是非常受歡迎的禮物唷！

草莓情結

第一次到北歐自助旅行的時候，我在瑞典慶祝仲夏節。時值6月下旬，我看到許多人正排著隊要買草莓。「草莓？沒搞錯的話，在台灣那是2月、3月時候的水果耶！」我有些訝異。

在北歐，草莓是屬於夏天的味道沒錯。北歐的夏天其實不熱，再加上長時間的日照，慢慢成熟的草莓又香又甜又多汁，好吃得不得了！一度還聽說挪威的極地草莓在日本的超市裡成了高檔貨，大受饕客的喜愛呢。

我的老公是草莓果醬的死忠支持者，他早餐的麵包上絕對少不了這東西。每年他總會趁著旺季搬草莓回家，做成果醬放在冷凍庫裡，再慢慢拿出來享用。自製草莓果醬的滋味新鮮，淋在優格或香草冰淇淋上吃也很棒。

水果酒作法：

How to do……

蘇珊的嫂嫂喜歡用一種瑞典文叫slånbär的野莓做水果酒，耶誕節前剛好可以包裝一些送人當禮物。我婆婆也會用自家院子裡採來的櫻桃或黑醋栗製酒，晚餐吃完可以喝上一小杯當甜點酒，那深紅色的液體，光用看的就很醉人了。

1.＞找一個密封罐，裝滿清洗過的新鮮莓子或櫻桃，倒進伏特加，加一些糖。

2.＞罐子密封好，在冰箱裡放置2個月，期間可以偶爾把罐子倒過來輕搖一下。

3.＞果酒分離之後，酒可以喝，浸了酒的果子也可以吃。

❶ 父子採果樂。

❷ 果子成熟時，提一籃去敦親睦鄰。

蘋果梨子掛樹頭

很多北歐人的花園裡都有蘋果樹。蘋果樹春天開花、秋天結果，真是既浪漫又實際。我婆婆的老家周圍有個大院子，院子裡除了蘋果樹之外，還有梨樹杏樹李樹等等，果實成熟的季節一到好不熱鬧，合奏起大地豐饒的樂章。

秋天一下子採收了大量的蘋果，該怎麼處理呢？送幾籃給鄰居好友，烤幾個香噴噴的蛋糕，剩下的可以拿來做成蘋果泥。蘋果泥的作法非常簡單，一次多做一點也可以冷凍保存，瑞典朋友蘇珊吃蘋果泥的時候淋上原味優格和全穀脆片，當早餐或點心超健康。

1

2

秋天一下子採收了大量的蘋果，送幾籃給鄰居好友，烤成香噴噴的蛋糕，剩下的還可以做成蘋果泥。北歐人會把自製產品包裝起來送人，那可是非常受歡迎的禮物唷！

我用婆婆家的李子做成果醬。

Step by step

一起學作蘋果泥

1 把蘋果去皮削成小塊，泡在水中，水裡擠一點檸檬可以防止蘋果變黑。接著要秤重，1公斤的蘋果需要300公克的糖和50c.c.的水。

2 蘋果加水煮軟後，稍微搗碎，加糖拌勻。

3 做好的蘋果泥可以現吃，吃的時候淋一些牛奶、灑一些糖或堅果，更有味道；也可以裝罐，冷卻後冷凍保存。

北歐人經營快樂牧場

諸如狂牛症、口蹄疫、禽流感等各種問題，讓人們擔心食品安全；日益開展的有機農業，也說明了大家對健康飲食的期望。北歐農業的一些做法，兼顧了食物的安全與口味，值得我們參考。

全球化對農業衝擊不小，這個標示則是來自芬蘭的品質保證。

上個世紀初，也不過是近百年以前的事，北歐的生活樣貌遠不若今日的發達，堪稱今日世上最富有國家之一的挪威，那時只不過是個窮鄉僻壤。工商業尚未起飛，傳統的農漁畜牧自然就是人們賴以維生的重點，儘管北歐的氣候條件並不如人。

隨著工業發展與全球化的趨勢，北歐人變有錢了，各國進口的農產品也相繼叩關上市。北歐農業也許因此正面臨強大的衝擊，需要轉型，但絕對還沒沒落。

近年來，諸如狂牛症、口蹄疫、禽流感等各種問題，讓人們越來越擔心食品安全。日益開展的有機農業，也說明了大家對健康飲食的期望。北歐農業的一些做法，兼顧了食物的安全與口味，是值得我們參考的。

人性化對待牲口

1986年瑞典相關單位就已經立法，禁止

> 瑞典的動物保護法有規定，乳牛夏天有到戶外活動的權利。挪威當局也要求，牛棚的地板必須加鋪墊子。這些改變雖增加成本，卻能讓乳牛的產量提高，利潤自然也相繼提升。

在牲口的飼料中添加抗生素以刺激生長，抗生素的使用必須由獸醫開立處方。接下來的10年間，抗生素的使用減少了將近70%。根據歐洲藥品管理局最近發表的統計數據，歐洲30個國家中，抗生素使用最低的是挪威，緊接著的是冰島瑞典芬蘭。

要讓動物們長得好，應該從改善牠們的生活環境著手，生活沒有壓力的牛、羊、豬、雞，自然能提高生產的質與量。我第一次聽到這個說法，是瑞典朋友蘇珊告訴我的，她提到了「快樂豬、快樂牛」這樣的名詞。不僅動物的成長過程重要，屠宰時也要盡量讓牠們盡量放輕鬆，動物們緊張時會釋放乳酸到肌肉中，影響肉質。

野放的乳牛

蘇珊的爸爸是個農夫，自己經營一個小規模的農場，養了幾十頭乳牛。只要天氣夠暖，牛兒們每天都在外頭野放，只有擠乳時才把牠們趕進棚內。那天我跟著他們一起到草地趕牛入棚，牛兒們很聽靈，看到人來接了，就乖乖地排隊自己走回家，一頭接著一頭。對在城市長大的我來說，這是個很新鮮的體驗。

瑞典的動物保護法有規定，乳牛每年夏天都有到戶外活動的權利。類似的作法挪威也有，牲口們一年至少有8週必須待在外頭，放個暑假透透氣。此外挪威當局也規定，牛棚的地板必須加鋪墊子，理由是牛兒們在休息的時候是採跪姿，硬梆梆的水泥地會使牠們的膝蓋承受太大的壓力，加了墊子能讓牠們舒服些。

其實這些作法也不是純粹只增加農人的成本，而沒有收益的。有研究指出，野放和加墊子之類的措施都能讓乳牛的產量提高，利潤自然也相繼提升。多為動物們設想，著實可以達到人畜雙贏的效果呢。

挪威版羊肉爐fårikåll作法：

挪威版的羊肉爐作法其實非常簡單，在這裡介紹給大家。不過別忘了，吃的時候要用水煮馬鈴薯來配才道地唷！

1.＞材料(4人份)：1.5公斤高麗菜、1.5公斤羊肉(塊狀帶骨)、2茶匙鹽、4茶匙整粒黑胡椒、300c.c.水。
2.＞將高麗菜切成船狀，肉跟菜一層一層地放入鍋中，每一層之間灑些鹽和胡椒粒，最後加水。
3.＞大火煮滾，之後加蓋轉小火慢燉一個半到兩個小時，直到肉嫩菜軟即可。
4.＞若要醬汁濃稠，可在每層菜肉之間灑1～2茶匙的麵粉。

食譜來源：《Norwegian Cooking for Everyone》Kom forlag出版

秋天的味道：挪威版羊肉爐

當年還是男朋友的老公到台灣來玩，我們去了一趟綠島。島上有個吃羊肉爐的地方，記憶中，那個羊肉爐是用高麗菜燉的，湯清爽口，沒想到老公嘗了一口，居然興奮地告訴我說：「我們挪威有道菜跟這個有像耶。」

我到了挪威後，他親手做了這道菜給我吃。挪威版的羊肉爐fårikål，是屬於秋天的好滋味。挪威地形多山稜，養羊人在春夏之間冰雪融化後，趕羊上山，讓牠們自由活動，等秋涼之後，再把羊群趕回家。大家應該不難想像，在山野間奔放了一個夏天的羊，自然肉質佳味道好。挪威西部的聖誕大餐pinnekjøtt，也正是用秋天風乾的羊肉烹製的。

1

1 健行途中遇上野放的羊隻。
2 蘇珊的爸爸是個快樂的瑞典農夫。
3 早晨外頭的空氣清新，牛兒們也愛。
4 白色一顆一顆的東西，是過冬用的牧草。

北歐人從食物為健康把關

人的味覺容易對富油脂、高糖分的飲食有所偏好，可是為了健康，高纖低脂才最理想。瑞典發起、如今通行北歐四國的「鑰匙孔」標示在超市裡隨處可見，幫助消費者作更健康的選擇。

當年我第一次到瑞典自助旅行的時候，朋友寶拉的媽媽帶我逛超級市場，目的是採買食材，好讓我煮頓中式晚餐答謝他們一家人幾天來的招待。我們一邊逛，她一邊跟我解釋一些瑞典當地的特色。其中，我注意到某些食品包裝上有個綠鑰匙孔的標示，她微笑地告訴我：「有這個標示的食物，就比較健康唷！」

「鑰匙孔」標示健康選擇

1989年，瑞典國家食品局決定為「低脂及富含纖維」的食品設立一個標示，藉此方便消費者作選擇，並鼓勵相關廠商多提供有益健康的食品。如今這個標誌已經在北歐芬蘭以外的4個國家通用。

標有「鑰匙孔」的商品必須符合當局訂立的標準，目前有33個食品種類可以使用標示。依規定必須以綠色或黑色印刷，可以被

> 給孕婦的飲食情報，在台灣我們很習慣用婆婆媽媽經口耳相傳，瑞典人則交由國家食品局統一管理，很有意思的對比。

印在食品包裝上、展示架上或作為廣告行銷時使用。標誌的使用屬自發性且免費，且不用事前申請執照，內容符合與否由地方的衛生局所監督管轄。

在北歐的超級市場裡，「鑰匙孔」標示隨處可見：標有「鑰匙孔」的香腸或起士脂含量較低；標有「鑰匙孔」的麵包纖維質含量較高；冷凍櫃裡的速食餐也可以找到「鑰匙孔」。

肥胖，已漸漸成為富裕國家的一種文明病。人的味覺容易對富油脂、高糖分的飲食有所偏好，可是為了健康，高纖低脂的飲食才最理想。「鑰匙孔」標示制度立意甚佳。台灣有不少民眾對於減肥或體重控制很熱衷，類似的作法也許值得評估。

針對不同族群的飲食建議

然而這一套「鑰匙孔」標示的背後，還有瑞典人誠實嚴謹的態度，曾經有學者半開玩笑地說：「瑞典人不相信神，但是他們相信國家食品局。」瑞典朋友蘇珊當年懷孕時跟我抱怨，好多愛吃的東西懷孕期間都不能吃了，例如生魚片壽司、某些起司等。之後我到瑞典國家食品局的網站上一瞧，果然給孕婦的建議清單落落長，這個要多吃、那個就最好不要吃之類的，除此之外也可以找到給成年人、嬰幼兒和哺乳者等不同族群的飲食建議。類似的情報在台灣我們很習慣用婆婆媽媽經口耳相傳，瑞典人則選擇了國家化的方式統一管理信息，很有意思。

北歐各國有共同的營養建議書(Nordic Nutrition Recommendations)，NNR2012已經是第5個版本了，這些信息的背後通常都有相關科學根據，其大原則整理如下：

多攝取：蔬菜水果、魚肉海鮮、堅果種子

盡量取代：全穀類、植物性油脂

❶ 瑞典餐盤示意圖：多動族。
❷ 瑞典餐盤示意圖：少動族。

少攝取：加工肉品和紅肉、糖、鹽、酒

北歐營養建議書內容綜合了飲食攝取量和運動量。瑞典國家食品局的餐盤示意圖也與時俱進地有2個版本，一個給多動族、一個給少動族。

降低膽固醇的優格？

說到健康飲食，北歐的一些機能性食品(functional food)也值得一提。所謂的機能性食品，就是除了提供營養成分之外，對人體的生理機能有特定正面效益的食物。有人把機能性食品的研發與市場性比擬作食品工業裡的IT路線，更有人因此稱芬蘭為「機能性食品的矽谷」，有防範蛀牙效果的代糖、乳製品中的LGG益菌、還有可以降低膽固醇的植物性油脂等等，都是芬蘭人對這個產業的貢獻。食物過敏在北歐頗為常見，不含乳糖的乳製品和不含麩質的烘培產品也漸漸從芬蘭推廣到其他國家。

在芬蘭的超級市場裡，朋友亨莉卡跟我介紹了架上眾多的乳製品，她還幫媽媽買了降低膽固醇的優格。在瑞典也不難找到富含纖維的莓果飲品和添加益菌的優格，吃了都能有一些整腸健胃的效果。

漁產大國挪威這頭最特別的，則應該算是他們吃魚肝油的習慣了。魚肝油裡頭有Omega-3脂肪酸及脂溶性維他命A、D、E等成分，是挪威人的冬日保健良品，因為缺乏日照的時候，人體無法自行合成維他命D，容易攝取不足。挪威人的說法是：「字母裡頭有R的月分都要吃魚肝油！」

③ 有人說芬蘭是「機能性食品的矽谷」。

④～⑩ 瑞典超市裡的綠色鑰匙孔，有「高纖低脂低鹽低糖」的健康意涵。

北歐美食概念風行全球

北歐名廚等簽署人發起並制定了「新北歐飲食宣言」，內容涵蓋使用純淨新鮮在地的食材、順應季節、知識創新、推動永續農業等面向，引領了飲食界的清新潮流。

❶~❷ 高級餐廳的22道菜體驗，視覺上也是享受。
❸ 丹麥Noma餐廳主廚和他的瑞典香料供應商。

丹麥哥本哈根的Noma可以說是世上最具影響力的餐廳之一，2010年起曾多次獲得世界最佳餐廳的美譽。2004年，Noma的主廚René Redzepi等12個來自北歐5國的簽署人發起並制定了新北歐飲食宣言(New Nordic Food Manifesto)，內容涵蓋使用純淨新鮮在地的食材、順應季節、知識創新、推動永續農業等10個面向。

這是改變北歐美食生態的一個契機，讓大家更注意到當地的風土與食材。2007年我為了著書去Noma蒐集資料，在餐廳的後場和主廚見了一面，當時他正在和南瑞典的香料供應商進行交流，供應商剛從森林裡採集來一些新的香草，我也順便嘗了一些。Noma主廚正是振興野外採集這股潮流的重要人物。2018年2月Noma在新據點重新開張，菜單更強調季節性，想必會持續吸引全球饕客前往體驗。

高級餐廳的在地結合

Noma帶來許多餐飲界的新思維，其中一項就是美食餐廳的社會責任。身為主廚除了專心致力於做好菜，也可以更關心食材和農業、環境與人群。

特隆赫姆的Credo餐廳和其主廚Heidi Bjerkan是另外一個絕佳案例。2018年初他們從市中心的原址搬到比較外圍的新興城區，地方大了不少，更有發揮的空間。餐廳內外種了不少蔬菜和香料，廚餘也就地製成堆肥造新土。有一回，我和市政府環境部門的同事去參觀，主廚本人親自介紹他們的綠色理念和做法，非常有意思。

後來我和老公趁結婚周年去那裡用餐，22道菜配酒，其中大部分的食材是從中挪威特倫德拉格地區就地取材的。餐廳和特定的農場和菜園合作，廚師們常和這些業界上游的夥伴們交流學習，共同進步。用餐期間還有專人來帶我們去參觀餐廳，從廚房、藏酒室逛到室內菜園，一頓飯吃完都快要午夜了，是很棒的體驗。

遍地開花的農夫市集

馬鈴薯是傳統北歐飲食中的主要澱粉來源。馬鈴薯的種類繁多，相關學問不少，有人甚至說馬鈴薯的選擇就像選酒一樣，配菜時要對味。芬蘭土庫的市集廣場上，當地的農人聚集在此販賣自家的農獲，一個的婦人攤位前至少有5、6種不同的馬鈴薯，看到我這個好奇的外來客，她半炫耀地說：「我家還有種藍色的唷！」

我非常喜歡逛菜市場。在瑞典和芬蘭都不難找到有菜販水果攤的露天市集，這是我搬到挪威後非常思念的生活元素。幸好這幾年農夫市集出現了，一個月1～2次的週六在特城市中心擺攤，販賣魚類肉類製品、起司、點心、果汁果醬等在地產品。8月初一年一度的特倫德拉格美食節，更是我嘗鮮挖寶的好所在。挪威各地農夫市集信息：bondensmarked.no

喝咖啡吃點心的愉悅社交

甜食點心是美好生活的重要元素。當丹麥的hygge風氣席捲國際時，有人竟然發現烘焙點心和香料的市場需求也提升了，這真是個有趣的連結。但一般說來丹麥人並不胖，因為他們有良好的運動習慣。挪威許多家裡有小孩的家庭平日不吃甜食，糖果是留到星期六才拿出來享用(lørdagsgodt)。

Fika是瑞典文中一個特別的字，所指的大概就是咖啡休息時間，Fika的時候喝咖啡當然也要搭配點心。隨著中世紀的貿易往來，肉桂、小荳蔻之類的異國香料也逐漸成為北歐的風味。肉桂捲是瑞典(瑞：kanelbuller)的國民點心，在瑞典10月4日是「肉桂捲日」，這專屬的節日於1999年由一間供應麵粉和糖的食品商發起，希望能夠發揚「家庭烘焙」。點心剛出爐的氣味，真的是家中最溫暖最有凝聚力的味道啊！

1. 挪威Credo餐廳主廚和我們介紹她和地區居民合作的菜園。
2. 醃漬的松芽，在地食材的創新吃法。
3. 芬蘭土庫露天市集的馬鈴薯販。
4. 挪威農夫市集的新鮮蔬菜。
5. 我喜歡在特倫德拉格美食節挖寶。
6. 好友相聚吃早午餐。
7. 肉桂捲是瑞典最受歡迎的國民點心。

PART TWO

CLOTHING

北　歐　人　的　衣

北歐不拘謹的流行觀

北歐沒有夜市地攤的便宜貨，但也不太有人一窩瘋地追求名牌，日常衣著是以舒適與實用為重。如果說穿衣是一種哲學，那麼瑞典式的中庸之道應該可以用來說明北歐人的風格，不拘謹不邋遢，也不太與眾不同。

說起北歐人的長相，我們常有「金髮碧眼、身材高挑」這樣的刻板印象。這裡的俊男美女的確不少，但不一定都是金髮碧眼就是了。早年剛來北歐在南瑞典唸書的時候，我心想，北歐男人穿起西裝來一定很有架勢、很優，當我正計畫去哥本哈根這個大都會見識一下時，丹麥朋友莫頓及時澆了我一盆冷水：「我們這裡上班族很少在穿西裝的啦！」當下我有些失望，不過久了以後發現，很多北歐人是天生的衣架子，就算不穿西裝也一樣挺拔。

之後有一回夏天我去城裡的銀行辦事，瞧見站在櫃檯的女行員穿著寬鬆的七分褲和露趾涼鞋，休閒味十足，這跟台北的銀行裡穿梭忙碌的制服行員真是有截然不同的形象。中國人說「人要衣裝」，北歐人卻喜歡反向操作：「衣著不能成就一個人，得靠聰明才智才行。」台灣的媒體及坊間充斥著對外貌評價，有時甚至用字低

> 除了有些特定職業的人還是選擇用西裝來包裝專業形象以外，北歐人的日常衣著是以舒適與實用為重，高興的話，穿牛仔褲套頭衫去上班沒有什麼不可以。

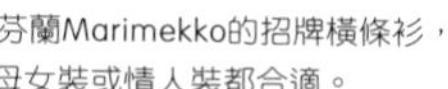

芬蘭Marimekko的招牌橫條衫，母女裝或情人裝都合適。

俗。在北歐批評外貌是政治不正確的，比起外表，他們更重視內在。

北歐人的日常衣著是以舒適與實用為重，高興的話，穿牛仔褲套頭衫去上班沒有什麼不可以。有些特定職業的人還是選擇用西裝來包裝專業形象，如律師、銀行家、公司總裁等，除此之外就挺隨興的了。穿得太正式，同事們還會問你今天晚上是不是有什麼特別的計畫呢。

流行品牌平實價位

芬蘭有句俗話說：「越醜的人、越會穿著漂亮衣服四處炫耀。」北歐人一般不會花大錢在衣服上，對時尚的關注程度也相對薄弱。在北歐瞎拼沒有夜市地攤的便宜貨，但也不太有人一窩瘋地追求名牌。在北歐大城市的主要購物街，價格「高貴」的國際名牌在那裡相形之下算是少見。

瑞典的H&M近年來躍升為國際成衣連鎖企業的第一把交椅，其行銷策略跟賣家具的IKEA有不少雷同之處，雖然走的是平價路線，但偶爾也有知名的設計師為之站台。北歐的高物價眾所皆知，不過在H&M和其他服飾店裡的流行商品價格卻還算實惠。平價的快時尚因為不環保而遭人詬病，近年來北歐選購二手服飾的管道也日益增多。

下了班反而穿西裝？

瑞典朋友菲德列克之前的職業是律師，現在經營起自家旅館，是每天上班都穿西裝的少數。他告訴我，大城市裡還好，在小一點的地方穿西裝走在路上常有人會多看他幾眼。之前有個美國人到易利信(Ericsson)的瑞典辦公室出差，上班的時候發現大家都是輕便休閒的穿著，他心想這

> 北歐人的西裝不是就束之高閣，而是慶祝的時候才拿出來穿。平日的衣著以實穿為主，遇到特別的場合還是要打扮一下的。

應該就是瑞典人的穿衣模式。一日下了班之後，他要跟一群同事約了去吃晚飯，他套上牛仔褲和Polo衫，卻發現同事們個個都是西裝筆挺，這究竟是怎麼一回事？

這樣的狀況正好反映出文化間的差異。北歐人的西裝不是就束之高閣，而是慶祝的時候才拿出來穿。平日的衣著以實穿為主，遇到特別的場合還是要打扮一下的，不分男女。像是耶誕夜，雖然是在家裡過，但是男士們總是會慎重地把襯衫燙好、皮鞋擦亮，穿著盛裝和家人吃耶誕大餐。偶爾跟朋友上高級餐廳打牙祭時，瑞典人也是男生西裝、女生晚禮服，我在南瑞典讀書那年就看到過好幾次，覺得頗有意思。

衣著品味是個人宣言

我有一些從台灣和香港來的女性朋友嫌北歐的衣服樣式太單調了，品牌的選擇也不多，但我卻還蠻喜歡這裡簡單大方的設計的，不知道是住久了被同化，還是本來就是這樣。

在北歐幾乎沒有專門做給別人看的繁文縟節，衣著品味純屬個人宣言，有人喜歡追逐當季流行，也有人愛標新立異。如果說穿衣是一種哲學，那麼瑞典式的中庸之道(瑞：lagom)應該可以用來說明北歐人的風格，不拘謹不邋遢，也不太與眾不同，剛剛好就好。

1

1 簡單大方的北歐設計。
2 哥本哈根的Strøget徒步區有不少北歐品牌可看可買。
3 二手衣物的銷售管道日益增多。
4 經典的設計歷久彌新。
5 櫥窗裡的秋裝展示。

重視傳統服飾的北歐人

傳統服飾除了美感之外，人們也藉之表達一種依歸和認同。5月17日是挪威的國慶，很多人在這一天都會穿傳統服飾「布納德」上街慶祝。布納德在挪威可以當晚宴禮服使用，各式重要場合的穿上它絕不失禮；婚禮的賓客中不乏身穿布納德之人，更有人選擇穿著它結婚。

近年來國際間的流行時尚不難發現東方元素，許多到遠東地區旅遊的西方人，也很喜歡挑幾件旗袍或和服帶回家。倒是在台灣，除了原住民以外，不太容易看到一般人穿著使用傳統服飾，這是為什麼呢？

其實傳統服飾大多有其獨特的樣貌，除了美感之外，人們應該是想藉著它表達一種依歸和認同。在一些慶祝的場合上，有些北歐人會穿著屬於自己國家或地區的傳統服飾，尤其是挪威人和北方原住民薩米人。我第一次接觸到北歐的傳統服飾，是在瑞典中部的仲夏節戶外慶典，別具民俗風味的服飾，真的可以把整個活動妝點得更有氣氛。

芬蘭朋友亨莉卡的媽媽知道我對此好奇，特別從櫃子裡拿出一件搭配傳統服飾的白色大披巾，身為家政老師的她手巧，布是自己織的，邊緣的金屬細節也要慢慢縫上去，很不簡單。不過這個樣式有些特

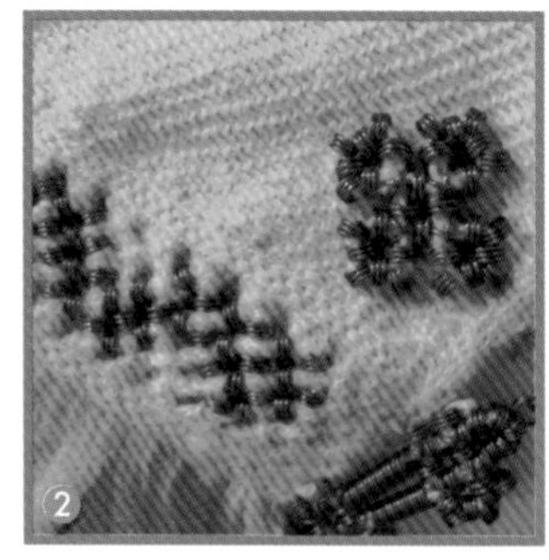

❶ 穿著傳統服飾的玩偶。
❷ 芬蘭朋友的媽媽自己做的服飾配件。

❸ 薩米人的咖啡袋，鹿皮做的唷。
❹ ❺ 精美的配件和銀飾。

別，是從古早時候的墓裡發現的，全芬蘭大約只有少數幾個地方有這樣的服飾。

挪威人的「布納德」

很多挪威人的衣櫥裡都有一套傳統服飾bunad (音譯為「布納德」)。5月17日是挪威的國慶，很多人在這一天都會穿上布納德上街慶祝，不管是走在遊行隊伍中還是就站在道路兩旁觀望，一時間多姿多采、熱鬧非凡。

布納德是在19世紀浪漫國家主義之下漸漸興起的風潮，堪稱一種衣著上的文藝復興。其款式配件花紋都有考究，不可以任意更改，而且各個地區有不一樣的設計，而非全國統一的，挪威的文化部底下還設有專職機構為民眾解決相關疑問呢。

布納德男女皆有，以中挪威Trøndelag地區的女用布納德為例，基本組成大概是白襯衫、背心、底裙、前罩圍裙，然後還有小掛包、頭飾、及銀飾等配件，和布納德專用鞋襪。織品的布料實在、繡工精美，銀飾也很精緻，一整套下來要價不低於2萬挪威克朗，合台幣10萬多！

不只是在展示民俗特色的時候，布納德在挪威可以當晚宴禮服使用，各式重要場合穿上它絕不失禮，婚禮的賓客中不乏身穿布納德之人，更有人選擇穿著它結婚。所以擁有一套布納德雖然所費不貲，長年使用下來其實也可以省下不少治裝費的。

> 北歐人重視傳統服飾，其款式配件花紋都有考究，不可以任意更改，挪威的文化部底下還設有專職機構為民眾解決相關疑問。

極地拉普蘭的繽紛

薩米人(Sami)是北歐的原住民，人口總數大約7萬，分布在挪瑞芬俄四國境內的極地拉普蘭地區，其中挪威就占了4萬。薩米人有自己的文化、語言和生活習慣，語言與芬蘭文屬同一語系。在政治方面，薩米人有自己的旗幟，在挪瑞芬三國還設有薩米議會。

北歐的薩米人和台灣的原住民其實有不少相似之處：他們都愛唱歌，能和平地與自然相處，並且有頗具特色的傳統服飾。薩米人的服飾在北薩米語中叫gákti，不同的地區有不同的樣式，但鮮豔強烈的色彩應該屬其共同的特徵，據說靈感是源於自然間圍繞著他們的各種顏色。

在過去，薩米人的傳統服飾是於日常使用的，如今則主要是保留到慶典或其他重要場合穿著。尤漢是我在挪威大學裡的同事，每回耶誕餐會時，他總是會穿上媽媽為他縫製的gákti，十分搶眼。他的故鄉在挪威極北的Kautokeino，那裡每年的復活節有一場屬於薩米人的節慶，極地的天空遼闊，再加上壯觀的馴鹿群和繽紛的傳統，絕對是個動人的場景。

1

1 民俗博物館裡身穿傳統服飾的工作人員。

2 薩米人的傳統服飾，也是有地方特色的。(Samiskt Informationscentrum提供)

3 布納德有地方特色，這是中挪威Trøndelag地區的樣式。

4 婚禮的賓客也穿布納德。

5 6 挪威人慶祝517國慶時會穿著布納德上街。

北歐人 穿出溫暖 抵擋寒冬

北歐人常說：「沒有壞天氣，只有不適當的衣著。」沒錯，喜歡從事戶外活動的北歐人，是不會被壞天氣關在家裡的。保暖防風的衣著，在惡劣的天候中顯得特別重要。

移居挪威的外國人會學到這樣的一句話：「Det finnes ikke dårlig vær, bare dårlig klær.(沒有壞天氣，只有不適當的衣著)」在我看來，這句話自我安慰的成分蠻高的，北歐的冬天又黑又冷又長，夏秋兩季也常刮風下雨，怎麼不算壞天氣？不過這句話也沒說錯，保暖防風的衣著在惡劣的天候中的確非常重要，尤其對喜歡從事戶外活動的北歐人而言。

北歐人已經征服冬天了，這裡的房舍大多都有良好的隔熱保溫的設計。再加上各式暖氣設備，室內溫度大多都維持在攝氏20度左右，很舒適。大部分的人其實冬天都長時間待在室內，真正冷到的時間並不多，但是一旦要出門的時候，厚外套、手套、帽子這些配件就絕對不可少了。溫度計在北歐也是居家必備的，三不五時去看一下，出門前也用來做穿衣的參考。

對抗寒冬，北歐人採用洋蔥式的多層次穿衣法，這樣一來就算是進出室內穿脫也比較方便。此外要注意衣物的材質，毛料的保暖效果是最理想的。

全天候外套

在南瑞典唸書的時候，我注意到一件事：那裡的人下雨天不太撐傘。「難道他們不用擔心淋到酸雨變禿頭嗎？」我很好奇。直到我有幾支傘被風吹壞了，我才了解其中一部分的原因，在常刮風的地方，傘幾乎變成了消耗品，一點都不管用。據說冰島人也是因此而不怎麼打傘。

很多人的解決之道是用一件全天候外套(all-weather jacket)來對付多變的天氣。這種外套防風遮雨又透氣，大家常聽到的GoreTex就是其中一種，愛登山滑雪的人一定少不了它，也有不少北歐人平時就拿來穿著使用。尤其是下雨的時候，比穿不透氣的塑膠雨衣要舒服多了。

找一雙保暖冬鞋

在北歐過冬，找一雙好鞋絕對是要事一樁。鞋子首先要注意保暖，長時間在外行走的話，腳一冷，全身就不舒服，我就有腳趾凍到快失去知覺的體驗，真的很難受。其次則要求舒適，在冰雪中行走，高跟馬靴實在中看不中用，女士們還是盡量避免，鞋底最好還有些防滑的效果。

北歐人冬天去參加派對或到朋友家作客的時候，常會自行攜帶一雙漂亮的皮鞋或室內拖鞋，到達目的地之後把厚重的戶外鞋換下來，這也不失是個實際的作法。一般到北歐人家裡作客，鞋子要脫，不過主人是不負責提供拖鞋的。

冬季保暖穿衣法則

拜墨西哥灣來的暖流所賜，北歐地區雖然緯度高，但是沿海地區冬天的氣候還算溫和，我住的地方離北極圈只有500公里之遙，冷的時候也差不多是攝氏零下5度左右，低於零下10度的日子沒幾天。但是稍微往內陸走一點，或是在山區，氣溫就明顯低多了。住在芬蘭內陸湖區的朋友凱莎告訴我，零下30度在他們的冬天是常有的事。可是內陸地區是乾冷，跟沿海的濕冷不同，乾冷的時候一開始不像濕冷般難受，但沒一會兒卻發現手指已經凍麻了！

瑞典朋友培爾當兵的時候，曾經有在攝氏零下25度於瑞典中部野外紮營夜宿的經驗。我問他當時如何保暖，他說：「我穿了好幾件毛衣，好幾條褲子，連襪子也是兩雙呢！」沒錯，就是這種洋蔥式的多層次穿衣法，這樣一來就算是進出室內穿脫也比較方便。此外也要注意衣物的材質，毛料的保暖效果是最理想的。天冷時我們總是會先穿上一套羊毛製的衛生衣褲，然後再往外加衣。

家裡有小朋友的話，冬天出門的前置穿衣時間就更長了。小朋友不管裡面穿了些什麼，外頭套上一件連身夾克，在雪地裡打滾玩耍就都不用愁啦。挪威幼稚園的小朋友可是不分晴雨雪每天都要在戶外玩耍的。

1

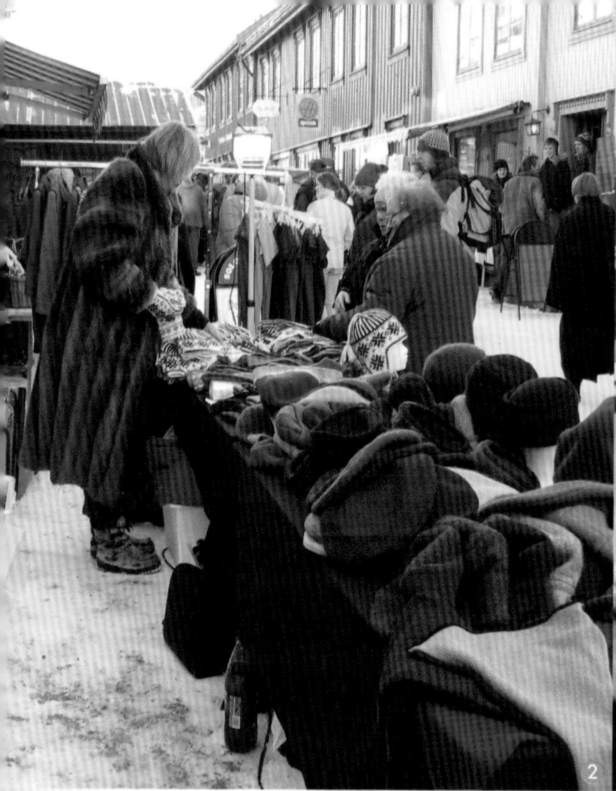
2

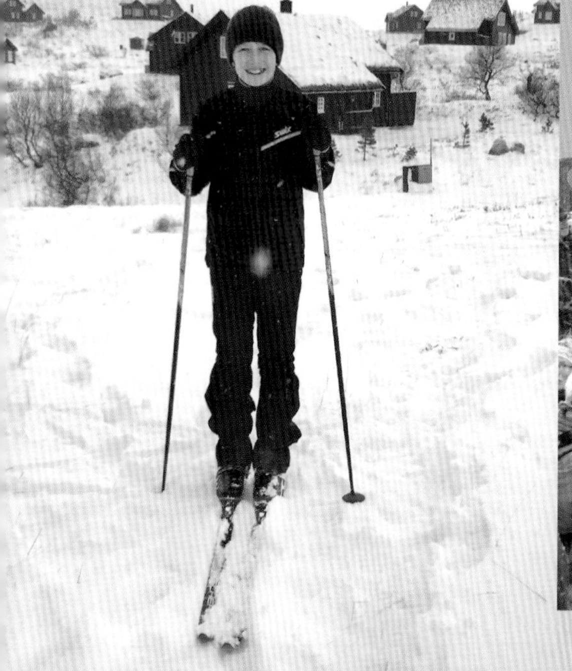

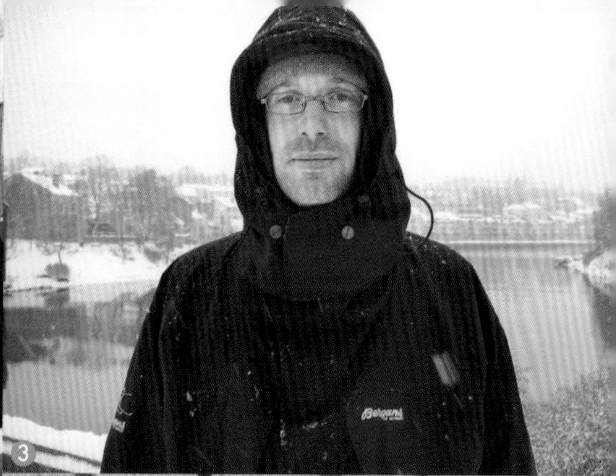
3

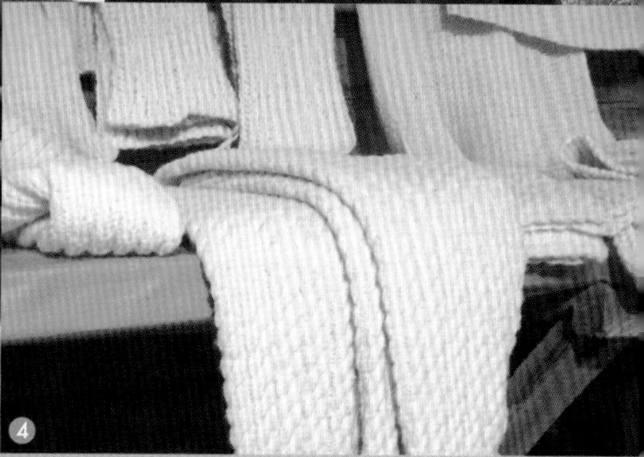
4

5

1 小朋友的連身夾克。
2 冬天出門，保暖的配件很重要。
3 全天候外套，擋風遮雨。
4 毛料是最理想的保暖材質。
5 不同的雪地運動有不一樣的裝備，越野滑雪運動量大不用穿太厚。
6 天寒地凍，大家圍在火爐邊取暖。

6

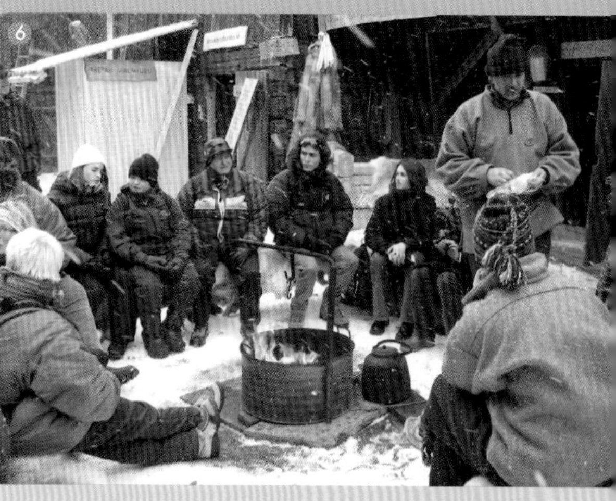

北歐人用心編織毛衣毛帽

秋涼之後，北歐織毛衣的旺季就開始了。喜歡編織的人可以加入編織俱樂部，定期和同好們交換心得，很多人家中一角都放著裝有半成品的小籃子，甚至連北歐小學的家政課裡也有編織這項目。雖說一件毛衣織下來花時間又不便宜，但是自己親手織的東西，既有特色又別具心意，送禮自用兩相宜。

毛衣毛帽在北歐是過冬的必需品，這些配件在店裡當然都不難買到，不少婆婆媽媽、或甚至是年輕的女孩還是喜歡自己動手織。我有幾個年齡跟我相仿的北歐女性朋友，家中客廳的一角都放著裝有半成品的小籃子。瑞典朋友潔西卡偶爾生病請假在家的時候，織毛衣就是她放鬆休息的活動呢。有時在大學講堂也可以看到有人邊聽課邊織東西。

雖然織毛衣人口以女性居多，但這樣的賢慧可不是女人的專利，有些北歐男人也有此嗜好。有一回電視上就訪問了一個住南挪威的中年男子，他喜歡用冰島羊毛織毛衣，衣櫥裡已經有好幾件漂亮的成品了。身為工程師的他還會用電腦先模擬出適合的顏色和圖案，讓事半功倍。

❶ 我朋友潔西卡的編織籃，就放在客廳一角。

❷ 毛線顏色款式眾多，編織界也有自己的潮流。

編織是北歐的家政傳統

用毛線編織衣物和配件在挪威有其傳統，古時候的人連毛線都是自己用羊毛揉製的，如今在北歐一些民俗博物館中還可看到有人作這項示範。以前的家庭主婦常和鄰居們坐在一起織東西，現在喜歡編織的人可以加入編織俱樂部，定期和同好們交換心得。

特隆赫姆民俗博物館就曾經舉辦過「編織咖啡館」的活動，邀請民眾攜帶針線參與，一同體驗編織的樂趣。主辦人瑪麗特告訴我，她從5歲開始就跟奶奶學習編織了，北歐小學的家政課裡也有編織這個項目。挪威國營電視台NRK的慢電視系列引起國際關注，2013年的主題是編織，長達8小時的節目包含從剃羊毛到編織毛衣的全過程記錄。

中挪威的塞爾布(Selbu)小鎮居民只有4,000人左右，卻因為編織而全國知名。大約150年前有個叫Marit Emstad的女孩，她跟其他的小孩們一樣會趁放牧牛羊時順便編織，有一天她心血來潮，用兩種不同顏色的線混織，織出了漂亮的圖案，一時間在城裡大受歡迎。接下來，塞爾布的居民開始量產販售連指手套和襪子等產品，十分暢銷。「塞爾布玫瑰」(Selburose)便是塞爾布的招牌編織花紋。

“很多北歐人從小時候就開始跟長輩學習編織了，北歐小學的家政課裡也有編織這個項目。”

奶奶織的愛心

自己親手織的東西，既有特色又別具心意，自用送禮兩相宜。溜滑雪板的年輕人常會自己織一些配件與雪板搭配。每年的耶誕節，我們總是會收到一些家人親手織的東西。老公的奶奶曾經送我一張她親手織的白色小毛毯，此外還有其他親戚送的毛襪毛衣，讓人感到格外窩心。

家裡有新生兒的話，婆婆媽媽們會預先幫小朋友織好全套的衣褲帽襪(挪：hentesett)，把小朋友從醫院接回家。當年兒子即將出世之際，婆婆找出她幫老公織的的新生兒的毛衣組，暖意代代相傳。

買件北歐毛衣當紀念品

秋涼之後，織毛衣的旺季就開始了。一件毛衣織下來並不便宜，除了毛線的成本以外還要花上不少時間，不過熱衷此道的人當然還是樂此不疲，一坐下來兩隻手就閒不住。每天看好幾個小時的電視，卻又擔心時間都浪費掉了的朋友，其實蠻適合把編織當嗜好的。

不擅編織嫌自己動手太麻煩的話，來北歐玩可以買一件挪威毛衣帶回家。這些毛衣的花紋和顏色十分具有當地的傳統特色，而且保暖效果非常好，但就是價位不低。Dale of Norway是知名的品牌之一，挪威滑雪運動的國家代表隊時常在主要的賽事場合穿他們毛衣，有興趣的人不妨上官網看看最新的款式：daleofnorway.com。

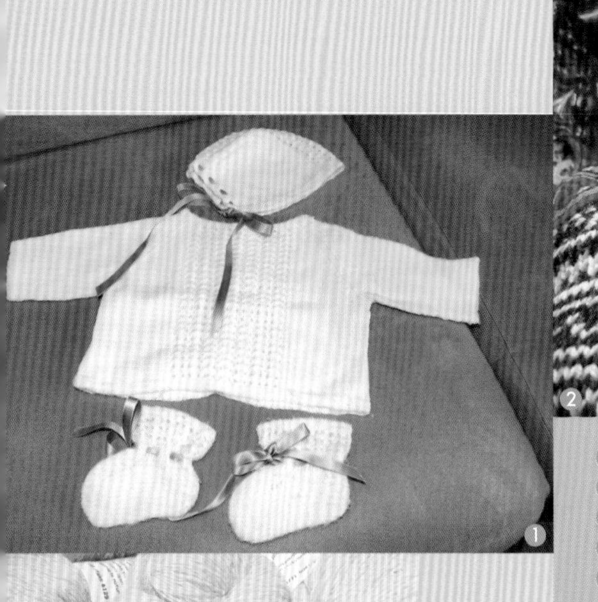

1 婆婆織給老公的新生兒的毛衣組，當年找出來給我兒子。

2 我公公的挪威毛衣，是他妹妹親手織的。

3 編織在挪威是重要的傳統，左邊這位先生是做毛線的。

4 未經染色的羊毛線。

5 聖誕市集的手工手套，是很好的禮物。

北歐人快樂擁抱陽光

嚴冬時節，讓北歐人深刻地體驗北風凜冽，所以天氣一放晴，人們在室內就待不住，巴不得馬上到外頭曬太陽。對許多北歐人來說，陽光或許就是那件最璀璨溫暖的上衣吧。

大家還記得伊索寓言中那個「北風與太陽」的故事嗎？北風和太陽互相較勁，看誰有本事讓路人把身上的衣服脫掉。無論北風如何使勁地吹，路人只是把外套越拉越緊，但是當太陽不疾不徐地發散出光和熱的時候，路人立即就把衣物褪去了。

不管這個故事可以給我們什麼樣的啟示，大自然的力量就是這樣沒錯。北歐人可是深刻地體驗到北風凜冽的，相較之下，陽光的魅力就更不可擋了。天氣一放晴，人們在室內就待不住，巴不得馬上到外頭曬太陽。對許多北歐人來說，陽光或許就是那件最璀璨溫暖的上衣吧。

(J. Grilling提供)

“在北歐這邊，古銅色的肌膚才是主流，那是健康自然的象徵，而有時間曬太陽的人，代表他不用一直待在室內工作，當然讓人羨慕。”

美白 vs. 曬黑

如果你跟一個北歐人說，台灣的女孩怕曬黑，在太陽底下總是打著傘，大熱天外出時也穿長著袖戴著帽，他可能會瞪大眼睛覺得不可思議。相對的，台灣人來到北歐，看到太陽底下總是坐著躺著許多人，好像很享受的樣子，也不太能夠了解。

這一切，都跟氣候有關。亞熱帶的日照時間一年四季變化其實不大，再者，攝氏30幾度的太陽可以是很毒辣的，曬得讓人發暈，當然叫人敬而遠之。但在北歐這邊，夏天幾乎永晝，冬天又幾乎永夜，相信我，過了幾個月寒冷又不見天日的日子，任何人都會想擁抱陽光的，這是自然的身體反應。

然而這一切，也跟社會價值和審美觀念有關。我們的社會裡說女人是「一白遮三醜」，古代的富家千金，更因為不必外出勞 而容易保持肌膚的白皙。但在北歐這邊，古銅色的肌膚才是主流，那是健康自然的象徵，而有時間曬太陽的人，代表他不用一直待在室內工作，當然讓人羨慕。

滿街的「太陽中心」

北歐人喜歡做日光浴和擁有古銅的健康膚色，那如果太陽沒出來的時候怎麼辦呢？販賣陽光，在這裡自然而然已經成為一個產業。走在路上常常可以看到一家家的「太陽中心」，裡頭不外乎就是一台台的太陽床設備(solarium)。我家附近就有一家是無人自動投幣式的，依照使用時間長短投幣，不同的機器好像還能曬出不一樣的效果。

1 太陽一出來，大家就出門曬。
2 「太陽中心」在北歐已成一個產業。
3 陽光的魅力，北歐人無法擋！
4 陽光便是最耀眼的那件上衣。

然而，流行或許有理，世界衛生組織已經對太陽床的使用發出警訊，建議18歲以下的年輕人盡量避免。白種人的皮膚癌發生率本來就偏高，再加上嗜曬的習慣，皮膚癌的案例近來更是逐年攀升。此外日曬也會加速皮膚老化。

別忘了防曬工作

儘管曬太陽的副作用不少，容易對皮膚造成傷害，要減低北歐人在文化及心理層面對日光浴的依賴，並不是一件容易的事。有研究指出，因為臭氧層破洞的關係，南北兩極陽光的紫外線特別強，防曬這個動作似乎變得更不可輕忽了。夏天買防曬油的時候，防曬係數也有故事可說：北歐這裡很少看到高於SPF25的產品。嬰幼兒也有專門的防曬產品。

有些挪威人在3、4月復活節前後上山滑雪時就開始曬黑了。沒有滑過雪的人也許不知道，滑雪的時候不只要防寒，防曬也是重點。白色的雪地陽光反射特別強，很容易曬傷臉部或眼睛，所以除了塗抹防曬油之外，找一副能過濾紫外線的太陽眼鏡也很重要喔！

PART THREE

HOUSING

北　歐　人　的　住

極簡雋永的北歐設計

走在丹麥首都哥本哈根的街頭，你不難發現，與家飾相關的店比比皆是，從家具、燈飾，到酒器、餐具等等。紮實的設計傳統，讓丹麥人十分引以為傲。許多大師們嘔心瀝血創造出來的作品，如今早已落入尋常百姓家，品味也與生活融成一氣。

下了班之後，北歐人都去哪裡呢？大多數的人都會選擇「回家」，很少在外遊蕩、也不交際應酬。這個「戀家」的社會特質，成為了北歐家飾產業蓬勃發展的重要基石，為了布置一個溫馨舒適的居家環境，人們願意花錢、花時間、花心思。

北歐建築的外觀大多屬平實、低調，目的在與週遭的自然環境融合不牴觸，走進室內之後就別有洞天了，裡頭依舊不鋪張奢華，但十分講究空間感和舒適度。這樣的敘述跟北歐人的人格特質其實也很吻合。

北歐可以說是極簡美學的發源地。二次世界大戰後，設計師們利用有限的資源創造出真正適合大眾需要且便利的產品。北歐設計線條誠實、冷靜、簡單，卻又蘊藏了細膩的內涵，碰觸到人性的最深處，不紅也難。在北歐，「設計」絕對是門顯學。

「家」的社會特質，成為北歐家具業蓬勃發展的重要基石。

丹麥的設計家具

走在丹麥首都哥本哈根的街頭，你不難發現，與家飾相關的店比比皆是，從家具、燈飾，到酒器、餐具等等。紮實的設計傳統，讓丹麥人十分引以為傲。許多大師們嘔心瀝血創造出來的作品，如今早已落入尋常百姓家，品味也與生活融成一氣。

丹麥設計強調「形式跟隨功能」，實用即是美感。Arne Jacobsen(1902～1971)是眾人皆曉的當代傳奇人物。他是建築師兼設計師，在國際間的現代主義中引領風潮，也為實用主義至上的北歐意象定了調，影響無比深遠。他設計的幾款椅子，「螞蟻」(1952)、「蛋」(1958)、「天鵝」(1958)，到今天都還是熱門商品。

一件知名的設計家具，價格並不便宜，不過它也同時兼具了保值的功能，哥本哈根就有專門經銷二手設計商品的家具店。在那裡，設計師的大名、產品型號、和設計年代可是很重要的溝通語言喔！

芬蘭也是設計大國

「科技始終來自於人性」，這是當年芬蘭手機大廠Nokia的廣告詞。以人為本，的確是北歐設計的精髓，然後融入大量的自然元素，不論是在材質或線條方面。斯堪地納維亞地區森林遍布，木頭是常見的創作題材，玻璃工藝也很高竿。

Alvar Aalto(1898～1976)是芬蘭重量級的建築師，在實用與機能之上，他更致力於將人文、自然與建築三者調和為一。他同時也是設計師，除了一系列的家具之外，他最受歡迎的作品應該算是Iittala出品的Aalto花瓶了，那花瓶曲線獨特，靈感很有可能是來自於「千湖國」的湖泊景致。

❶ 丹麥Louis Poulsen的經典燈品。
❷ 經典的大師設計椅「天鵝」。
❸ 哥本哈根的二手設計家具專賣店。
❹ 瑞典全國上下都不難找到loppis(跳蚤市場)。
❺ 哥本哈根的Illums Bolighus，是北歐設計愛好者不能錯過的朝聖景點。

當我問起芬蘭朋友關於Iittala和Arabia這類知名設計杯盤碗碟的時候，她笑了一笑說：「這些品牌在我們的超級市場就可以找到囉。」原來，在設計的國度裡動人的東西是如此的俯拾皆是，這又是一個「品味就在日常生活中」的好例子。

舊亦是美的惜物情結

功能、美觀以及可持續使用是3個北歐設計的經典內涵。許多北歐人家裡都有不少代代相傳的物品，家具桌椅、玻璃器皿、織品飾物等。選擇品質好的產品並長久使用，不僅是因為惜物，更因為那是「自己人生的一部分」。這些充滿故事的物品具有雋永的價值，新產品不一定能帶來這樣的感受。

一方面是環保意識、另一方面是經濟效益，近年來北歐的二手物品流通管道也越來越多。瑞典全國上下都不難找到loppis(跳蚤市場)，挪威的Finn.no網路平台也是進行買賣的好地方。

IKEA觸角遍布全球

說到北歐的居家設計，不能不提一下大家所熟知的瑞典巨擘IKEA(宜家家居)。IKEA有什麼本事，能夠引發全球熱潮？除了創新俐落的生產行銷手法外，他們掌握並且發揚了兩個很北歐的概念：第一，注重居家生活，「家」是人生活中最重要的場所，因此居家布置當然有商業潛能；第二，採用斯堪地納維亞簡約雋永的設計風格為主軸，市場接受度高，也較不易退流行。

雖然價格實惠，但大部分的產品也打出設計師的名字，很得消費者的心。所以北歐人的家中，尤其是年輕人，很少不見

IKEA商品的。雖然有人批評IKEA的廉價策略把品質也連帶拉低了，不過IKEA讓一般普羅大眾也能享受到北歐設計的獨到之處，還是功不可沒的。

打造舒心的居家氛圍

曾幾何時，快樂國度丹麥的hygge概念熱燒全球。「hygge」這個字無法直譯，大致上有溫暖、舒適的意思，是一種生活上的心境。所以在居家這一個環節，用「舒心」這兩個字來形容還挺合適的。

1 北歐人戀家，享受和親友相聚的時光。
2 木製家具給人舒服的感覺。
3 北歐人特別愛用白色的蠟燭。
4 毛毯增添溫暖的層次。
5 用一些特色小物營造個人空間。

北歐人有強烈的戀家特質。這裡一年有長達數個月的黑暗寒冷，氣候變化大，打造舒心的居家氛圍自然就變得非常重要，舒適的陳設配上柔和的燈光，家是讓人休息和充電的地方。

大量使用自然的材質

北歐林業發達，從建築到家具都大量使用木材。木材有漂亮的紋理、柔軟的表面和優美的光澤，讓人的視覺和觸覺都感到無比的舒適。除了木製家具外，北歐人還喜好皮革與毛毯製品，從柔軟舒適的地毯、毛皮坐墊，到沙發上放著的毛毯等。這些天然的材質讓居家空間更有層次。夏天的時候，從外頭採來一束野花也能讓人微笑。

蠟光是幸福的顏色

蠟燭絕對是北歐居家的必需品。比起燈光照明，燭光更能營造氣氛，北歐人特別享受燭光帶來的溫暖與希望，尤其在秋冬時期漫長的晦暗。有趣的是，北歐人常燒白色的蠟燭，這點我剛來的時候不太習慣，總覺得有些不吉利。有時人們也會把蠟燭放入戶外的燈籠中，或在宴客的夜晚，在門口放上一盞燭光迎賓。

營造一些有個人特色的角落

在家裡養幾盆綠色植物還挺重要的，至少在漫長冬日萬物孤寂的時候，能帶來一些生氣。此外家裡也應該有一些能反映出主人的生活方式和個人風格的東西，書籍、照片、旅行時帶回來的紀念品，都是很不錯的建構元素。在選購東西的時候，不必太注重趕流行，挑選自己真心喜歡的東西來做搭配最重要。

Step by step

8 招讓你的

1

為空間選擇一個清爽柔和的主色調。我有幾個北歐朋友家裡都是以白色為主，溫柔的白色真的可以使人靜下來。近年來也流行一些大地色系。

2

找線條簡單大方的家具。沙發和椅子坐起來要舒服，同時記得確實考慮家中成員的需求。

3

配置溫和有情調的照明，盡量避免死白的日光燈。北歐人喜歡打幾盞小燈、點光源，比較不用一盞大燈全都照。

4

善加利用燭光營造氣氛，蠟燭不是停電的時候才能點。

客 廳 起 居 室 充 滿 北 歐 風

5 養幾盆綠色植物，為室內增添生氣。

6 雜物盡量收納好，或至少整齊放置，留一個乾淨的視覺空間。

7 牆上可以掛幅海報或畫，甚至是放一些擺飾，在清爽的色調之上加一些彩度與層次。

8 多多充實相關知識。好品味不是一天兩天可以養成的，多涉獵、不盲從，自然能慢慢培養出屬於自己的生活美學。北歐設計的相關網站：北歐櫥窗 www.nordic.com.tw。

體驗北歐山間水邊的度假屋

北歐都市裡的「塵囂」，跟一些國際大都會相比，真的是不算什麼。但住在城市裡的北歐人還是一心嚮往自然的寧靜，不少人除了平日的住所外，還有一間在山間水邊的度假屋，可以遠離塵囂，體驗緩慢而悠閒的生活。

北歐都市裡的「塵囂」，跟一些國際大都會相比，真的是不算什麼。北歐這幾個國家中，人口超過100萬的城市只有哥本哈根和斯德哥爾摩，接下來在50萬的那一級也不過就是奧斯陸、赫爾辛基和瑞典第二大城哥特堡。即便如此，城市裡的快節奏還是讓北歐人一心嚮往自然裡的寧靜，不少人除了平日的住所外，還有一間自己的度假屋，每年夏天總會找幾個星期到那裡過過簡單的日子，遠離塵囂。

不是傍水，就是依山

我的瑞典朋友蘇珊平時住在南方大城馬爾默，在東南方的海邊有一間度假屋。度假屋裡沒有電視沒有網路，但是有一個壁爐，秋冬的時候升起火來暖暖地坐著，聽著海浪聲，靜靜地讀一本書，夏天的話就天天坐在外頭以海景佐餐。

無比醉人的浪漫氣氛。(J. Grilling提供)

凱莎的家人在芬蘭最大的Saimma湖畔有一間度假屋。學建築的她，自己設計了這間木屋，並且親自監工完成，裡裡外外充滿了巧思。凱莎告訴我，為了顧及生態及景觀，在芬蘭湖邊建造度假屋是有限制的，密度不能太高，坪數大的話也不能靠湖太近，像Saimma湖邊可以建屋的地方就都飽和了。可是我從她家的度假屋四周望去，舉目所及不是湖水就是樹林，一間其他的房子都沒看到，這樣居然也叫客滿？

不少挪威人在山上有間小木屋(hytte)，一年四季皆可使用，有些則是季節限定。我曾經在一個聚會上聽過一對挪威夫婦冬天到山上小木屋度週末的故事：「週五我們把東西打包好放進大背包裡，就開車出發了。從停車的地方我們要滑雪滑個十來公里才到木屋，其中有不少上坡路。好不容易到了目的地，我們還得把屋外積得跟人差不多高的雪鏟開才進得去，累死人了。進了門趕緊生火取暖，坐下來的那一刻真是舒暢。」這麼累人也叫度假？又是一奇。

沒水沒電的原始之美

講到度假屋，我們可能馬上聯想到舒適豪華的別墅，但對北歐人來說不是這麼回事。很多人的度假屋只有簡單的配備，沒有接水電，連廁所也是在戶外的茅坑。要清洗的話得到附近的湖泊或溪流汲水，天色暗了就點起燭光。

凱莎的度假屋就是這樣，雖然是最近才完工的新建築。我在入秋的一個10月天去那裡住了一晚，半夜提著手電筒去外頭野放時，旁邊黑漆漆的樹林不禁讓人生畏，不知道什麼動物會不會突然跳出來鬧。可是當我抬頭一望，發現滿天星斗又多又亮，恐懼感立刻就緩和了下來。沒水沒電

> 度假屋的生活是緩慢而悠閒的，跟周遭的自然盡可能地互動。這種沒水沒電的原始之美，可說是現代人珍貴的體驗。

的原始之美，正是我們這些嬌生慣養的現代人應該多加體驗且珍惜的吧？

特有的「度假屋」概念

許多挪威人星期五常早早下班，驅車前往度假屋。幾年前的Ylvis兄弟製作了一首名為The Cabin的歌，精準地描述了挪威度假屋的意涵，看了不禁令人莞爾。然而近年來新造的度假屋有越來越豪華的趨勢，已經漸漸脫離挪威文hytte這個字的原意了。

我們一家三口沒有自己的度假屋，偶爾會受邀去親友的度假屋度週末。在度假屋的日子是緩慢而悠閒的，跟周遭的自然環境盡可能地互動。白天從事一些健行之類的戶外活動，晚上則一起玩桌遊或秉燭夜談。

租一間度假屋

沒有自己的度假屋，用租的當然也行。丹麥全國上下就有很多度假屋供人租用，租期以週數計。很多度假屋都離海灘不遠，只有步行的距離。度假屋內通常各種設備是一應俱全，十分方便。這種定點模式對有小孩的家庭來說很不錯，年輕人也可以約上一群朋友同住。我和老公就曾經去丹麥租過兩次度假屋，丹麥人個性開朗，生活以過得舒適愉快為主要目標，更添度假時該有的氣氛。

這樣的放空慢遊模式其實挺療癒的，有興趣的朋友也不妨來北歐租一間度假屋，一嘗被慵懶閒適包圍的生活況味。

1 挪威人山間的hytte。
2 凱莎親自設計的度假屋，在芬蘭的Saimma湖畔。
3 到丹麥租間度假屋，體驗閒適的夏日。
4 到度假屋體驗原始，廁所位在屋外。
5 蘇珊的度假屋在瑞典東南方的海邊。
6 暖爐升起火，伴著海浪聲讀書。
7 北歐人喜歡到度假屋享受遠離塵囂的清靜。
8 下雨天，碗還是要洗。(J. Grilling提供)

體驗芬蘭桑拿浴

桑拿浴不外乎就是幾個冷熱循環的排汗流程，台灣用「三溫暖」這個名稱其實蠻貼切的。對芬蘭人來說，在桑拿裡盡情地排汗，不僅能夠潔淨身體，熱石上的蒸氣迎面襲來的那一剎那，心頭的壓力和煩惱彷彿也立即紓解了。

1. 亨莉卡的爸爸自己蓋的桑拿浴室。
2. 凱莎湖邊的度假屋，當然也有桑拿間。
3. 各式桑拿用品。裝水的盆和灑水的勺，用芬蘭的木頭製造。

洗桑拿浴可以算是芬蘭這個國家最具代表性的活動了，桑拿這個字(sauna)來自芬蘭文，也有人管桑拿浴叫芬蘭浴。有統計數字顯示，芬蘭的人口只有500多萬，卻有將近160萬間的各式桑拿浴室，放眼世界絕對無人能出其右。

桑拿浴不外乎就是幾個冷熱循環的排汗流程，台灣用「三溫暖」這個名稱其實蠻貼切的。對芬蘭人來說，在桑拿裡盡情地排汗，不僅能潔淨身體，熱石上的蒸氣迎面襲來的那一剎那，心頭的壓力和煩惱彷彿也立即紓解了。

當年訪芬期間，我有兩次道地的桑拿體驗。亨莉卡家的桑拿小屋就在住家旁，是農夫爸爸親手蓋的；朋友凱莎家的湖邊度假屋也有桑拿，只可惜我去住的那天天氣實在太冷，汗流浹背的我最後還是沒勇氣跳到湖裡游泳。

如教堂般神聖的地方

桑拿在古時候的芬蘭並不是純粹只有沐浴一途，而是跟當時的農業社會傳統緊密結合的。人們在那裡晒穀醃肉，經過一天的農忙後，桑拿浴也可以幫助消除疲勞。再者，由於那裡是整個農場最乾淨的地方，女人甚至在那裡臨盆產子。桑拿曾經是這麼地充滿生活味，芬蘭的文學作品中也常見桑拿場景。

在芬蘭有這麼一句話：「在桑拿浴室裡，你必須跟在教堂裡一樣守規矩。」小孩子不可以嬉笑怒罵或是打鬧，大人們當然也要嚴守分際。洗桑拿浴的時候人們通常是裸裎相見的，由於大量排汗，任何的衣著都會使人不舒服。不過芬蘭人非常清楚，性事另有其他場所，不會在桑拿裡想入非非。儘管如此，一般在芬蘭桑拿還是男女分浴的，除了自家人以外。

一度，芬蘭人以為禽流感病毒已經入侵，後來證實虛驚一場，不過政府當局還是呼籲人們多洗桑拿浴，用高溫對抗病毒。「如果桑拿、烈酒和焦油都不能治癒你，那你真的是病入膏肓了！」以前有這麼個說法。話雖如此，烈酒可是不建議與桑拿同時使用的，擔心身體狀況的人也應該先請教醫師再進桑拿。

芬蘭桑拿裡的配備

在芬蘭人的生活裡，桑拿到處可見。許多公寓大樓和公司行號都有桑拿，不少人乾脆在自家的浴室裡裝一套，否則也有一些公共浴場供大眾使用。當然，芬蘭人湖邊的度假屋也少不了它，烤完蒸完跳進清涼的湖裡小游一圈，絕對通體舒暢。

有些芬蘭人喜歡用帶葉的樺樹枝綁成撣子輕輕拍打身體，促進血液循環，也清潔毛孔。

❶ 芬蘭人喜歡到湖裡冰泳。(Suomen Latu ry, A. Aaltonen提供)
❷ 冰島人則愛泡露天溫泉。(J. Rismoen提供)

古時候的桑拿設備通常都離住家和農舍有些距離，以防火災。傳統式的煙薰桑拿(savusauna)需要一天的時間來加熱，現今在一些農業地區還算不難見到，許多芬蘭人認為那才是桑拿魅力之所在。除此之外，大部分的桑拿都有較為現代化的加熱配備。

一間芬蘭桑拿浴室通常有3個部分：熱室、沖洗室和更衣室。其中，熱室是主要核心，有不上漆的木造格局，這樣的設計坐上去不燙皮膚，使用後也比較快乾。爐具可以用木柴、燃油或電氣加熱，上頭鋪有石頭(kiuas)當熱媒。

在熱室裡小坐一陣之後，芬蘭人會往熱石上灑水，水一瞬間就蒸發成了蒸氣(löyly)，讓熱室裡的濕度升高，加速排汗。毛細孔張開後，有些芬蘭人喜歡用帶葉的樺樹枝綁成撣子(vihta)輕輕拍打身體，促進血液循環，也清潔毛孔。熱室的溫度大概在攝氏80到90度左右，不超過100度；濕度也要足夠，可以灑水用蒸氣來調節，此外還要注意通風。

體驗芬蘭桑拿浴：

每個人都可以嘗試出一套最適合自己的桑拿流程，唯一的準則就是洗浴期間和浴後都覺得舒服，而不是耐熱競賽。以下是一些建議，提供大家作個參考：

1.>保留足夠的時間，不要趕，大約一個半小時。

2.>如果可以的話，裸程是最舒服自在的。進入熱室前先沐浴淨身。

3.>衛生考量，鋪個小毛巾再坐下或躺下。熱室裡越高的地方越熱，自行衡量適當的位置。開始的時候可以乾熱，然後再往熱石上頭澆些水，第一回合不建議使用樺樹枝拍打。

4.>身體的熱度夠了之後，離開熱室進行冷卻。冷卻的方法可以是沖涼、游個泳、或是在室內室外小坐一陣。有些芬蘭人冬天的時候會在雪地裡打個滾或甚至到結冰的湖裡游泳，這點請量力而為，不過太急速的冷卻還是避免。

5.>回到熱室坐著或躺著，在熱石上多澆點水提高濕度。身體充分排汗了，可以開始用樺樹枝拍打身體。冷熱的循環可以進行數次，時間長短也依個人喜好而定。

6.>刷洗身體徹底清潔。在這之前可以先進熱室暖個身，讓皮膚變柔軟，洗後也可以再回去坐一下。

7.>最後來個淋浴潤絲，然後披著浴袍坐著放鬆，喝個清涼解渴的飲料。冰啤酒很不錯，烈酒則免。直到排汗的過程終止再穿上衣服，浴後小心著涼。

8.>離開前把桑拿浴室整理乾淨，通風口打開。

9.>剛吃飽不適合洗桑拿浴，洗完倒是可以吃點輕食。

(參考資料：芬蘭桑拿協會www.sauna.fi)

蒸烤完畢，到結冰的湖裡小游一圈如何？。(Suomen Latu ry, A. Aaltonen提供)

北歐人呼朋引伴回家作客

台灣人跟朋友見面大多是約在外面吃飯喝咖啡，北歐人則喜歡把朋友請到家裡來。尤其北歐年輕人週末上酒吧前，常會把朋友約到家裡先喝點酒暖暖興致，由於外頭的消費高，先在家裡喝到半醉再出門，荷包也比較划算。

要有舒心(hygge)的居家環境，親朋好友的相聚和陪伴不可或缺。台灣人跟朋友見面大多是約在外面吃飯喝咖啡，北歐人則喜歡把朋友請到家裡來。台灣人愛面子，北歐人則是重裡子，這裡似乎也成一例。北歐人一般公私分明，工作上的夥伴下了班就各忙各的去，不是朋友的話是不會被邀請進入私人的生活空間的。

北歐人的居家布置十分注重空間感、舒適度和功能性。請朋友來聚會吃飯的話，不只是菜單，餐桌擺設也要花心思。吃完飯大夥兒移駕客廳沙發小酌一番，不疾不徐地聊到盡興，這樣的氣氛可是在餐廳裡享受不到的喔！

北歐人的咖啡消耗量屬世界第一，這點可能在很多人的意料之外。歐陸人喜歡在公開場合喝咖啡，北歐人則在家裡或工作場合居多。北歐年輕人週末上酒吧前，常會先把朋友約到家裡來「前戲」一番。別想歪了！這前戲跟性事無關，不過就是喝點酒暖暖興致而已，外頭的消費高，先在家裡喝到半醉再出門，荷包比較划算。

舒心的居家環境，少不了親朋好友的陪伴。

杯盤刀叉成套搭配

Höganäs陶器的單色經驗，我到現在都還記憶猶新，南歐的花樣熱情和北歐的冷靜理性，從器皿的設計上也可以見真章。那年我從西班牙旅行到瑞典，在瓦倫西亞時我參觀了一個陶瓷展示中心，其展品的顏色和圖案真的是五花八門、鮮豔亮麗；後來我陪朋友去了南瑞典著名Höganäs陶器的工廠販賣部，進去一看，東西排列得整整齊齊，但所有產品都是單色的！南北文化相較之下，對比十分強烈。

但是說實在的，顏色簡單素雅的餐具真的比較容易搭配，請客的時候再視季節或心情來變換桌布餐巾蠋台等擺設，就可以輕鬆營造出不同的感覺。結婚的時候，公婆送了我們全套的餐盤組，沙拉碟、主餐盤、甜點碗一式12件，外加12個同款式的咖啡杯，這樣請客的時候就不用愁了。

餐具的話，刀叉匙當然也要成套，才不失禮。不少人有收集銀器的習慣，逢年過節或請客的時候拿出來使用。為什麼用收集的呢？一支銀刀要價台幣2千多，可以一次全套買齊的人，恐怕財力得相當雄厚。

客人的伴手禮

北歐朋友請你到他家去吃晚飯，你該準備什麼伴手禮相贈呢？空手兩串蕉並不恰當。一般來說，紅酒總是受歡迎的，主人也許會馬上把酒開來佐餐，與賓客共享。不然的話，一束鮮花或一盆小植物不錯，巧克力也很容易討人歡心。總之禮不必重，聊表心意最重要。

北歐人在居家布置方面花了不少功夫，客人在欣賞之餘，可以順口稱讚一下主人的巧思，或者談談裝潢心得。很多人會在客廳裡的一個角落放一些至親好友的照

> 到北歐朋友家中作客，準備一瓶紅酒、一束鮮花或一盆小植物送給主人，都是聊表心意很好的小禮物。

片，那裡也有不少聊天的題材。

家，是北歐人最放鬆的地方，作主人的當然希望客人不要太拘束，雙方都可以感受到「koselig」的氣氛(按：koselig這個單字挪威人常常掛在口中，字義與英文的cozy差不多，也和丹麥人的hygge異曲同工。

晚餐俱樂部和餐桌交換

我喜歡去朋友家中作客，也喜歡請朋友到家裡來，雖然請客前的準備工作繁瑣，但每回送客時看到朋友臉上開懷的笑容，心中就有一種踏實滿足的感覺。挪威物價高、外食選擇少，吃貨如我必須開創一些新的路線。我曾經在臉書上拉朋友加入我的晚餐俱樂部，我把報名的人分成五人一組，請到家裡來吃道地的亞洲菜，就差不多是私廚的概念吧，只不過不營利收費。

然後我也和一些國際友人玩餐桌交換，互邀到彼此的家中吃晚餐，目前我已經藉此品嘗過墨西哥、伊朗和喬治亞的菜色了。

作客體驗居家文化

到北歐來旅遊的朋友們，現在也有機會到當地人家裡去吃一頓飯，進行文化交流。丹麥和芬蘭有這樣的平台，透過活動遊客們得以認識當地的居家生活並品嘗道地餐點，當地人也可以結交來自世界各地的朋友。有興趣的話可以到下列網站查詢或預訂：

◆丹麥

Meet the Danes：www.meetthedanes.dk

◆芬蘭

Cosy Finland：www.cosyfinland.com

① 台灣人喜歡在外聚會，北歐人則愛把朋友邀到家裡來。

② 瑞典Höganäs的陶器都是單色的。

③～⑤ 一些布置餐桌的點子。

北歐人 房屋修繕 DIY自己來

居家修繕究竟是家事還是嗜好，對某些北歐男人來說，界線已經分不太清楚了。天氣好的時候刷刷油漆、自己動手整理房子，不但能夠創造出自己獨特的空間、還能得到莫大的成就感。

居家修繕究竟是家事還是嗜好，對某些北歐男人來說，界線已經分不太清楚了。小到組裝家具、大到蓋一間房，屋裡屋外的大小事，都不乏自己動手之人。有人說北歐的居家修繕DIY之所以會如此風行，是因為這裡的貧富差距不大而且人工貴，請不起人幫忙只好自己動手。這個說法固然沒錯，不過有空、有能力自己動手也是要靠本事的。親力親為弄出一些具體成果，除了成就感，似乎也是向大眾宣示自己的能幹。

裝潢萬事自己來

如果沒有自己經歷過，還真的不知道裡頭學問這麼多，要把一間空空如也的公寓布置成一個溫馨的家，過程可真是繁瑣沉重。當年剛搬到挪威遷入新居之際，我和老公討論又討論，丈量又丈量，把IKEA目錄來回翻了無數次，幾乎就快滾瓜爛熟

> 勞務的互助模式是早期農業社會留下來的傳統。在芬蘭參加喬遷派對有時候必須早點到，好在吃飯前幫主人整理院子！

了！然後也要計算怎樣搭配比較划算。

好不容易家具買回來了，連續好幾天晚上我們還得和螺絲釘們奮戰。多虧老公的手藝高超，外加我這個不幫倒忙的助手，客廳漸成形。廚房和浴室不需要太多的整理，輪到臥室的時候，我們把舊裝潢全部拆掉，自己漆油漆、鋪地板，組裝大衣櫃這件事又是一個高潮。

只要你喜歡，基本上蓋一間房子的所有事幾乎都可以自己來，老公就有個同事買了一塊土地自己建屋。不過依照規定，水管和電路的配置是要由專業人士來處理的，主要是基於安全考量。

度勞動假？

很多北歐人利用休假的時間從事房屋修繕，夏天天氣好的時候不難看到人們為住家或度假屋重新粉刷油漆之類的。我的公婆也花了不少時間在他們峽灣區的老房子上，他倆退休之前有假期的時候總是去那裡勞動，偌大的房子和花園都需要悉心整理維護。

我的公公可以算得上是個房屋修繕的狂熱分子，電鑽電鋸折疊梯等各式工具他都有，往年老公也會趁耶誕節為他添置一些新傢伙當禮物，他曾經為老房子蓋了一間全新的浴室。挪威的房屋自有率很高，擁有自己的一棟房聽起來很不錯，可是近年來也開始有人賣房子買公寓，恐怕就是嫌勞務太多吧。

在芬蘭的時候，朋友凱莎的大姐請我們去參加喬遷派對，前提是所有的客人都要早點到，吃晚飯前得幫忙整理院子！這樣的互助模式在以早的農業社會尤其常見，集合眾人之力，這次你幫我，下次我幫你，朋友鄰里間感情不疏離。

男人的購物天堂

很多男人聽到要陪老婆女友逛街就血壓升高，各式的DIY賣場才是讓他們流連忘返的購物天堂。1963年創立於瑞典的Biltema專門銷售車輛房屋修繕的零件和工具，如今他們有一百多家連鎖店遍布北歐瑞丹挪芬四國，有人給這家店取了個外號叫gubbdagis—老男人的托兒所，類似的賣場可是所有修繕愛好者的樂園呢。

丹麥的報紙曾經報導，女人在修繕這方面也越來越行。DIY賣場的女性顧客比例日益提升，一些連鎖店針對女性推出DIY課程亦大受歡迎。這些趨勢或許是拜電視上的居家裝潢節目所賜，而獨居的單身女性日益增多，應該也是另一個原因。

兒子出生沒多久我們換了大一點房子，房子地段好居住面積大，但是內部裝潢得從頭到腳翻修。於是連續好幾年我們一直住在工地裡，實在非常痛苦。房屋修繕容易導致夫婦不睦，我也曾經聽說房子修好夫婦也離異了的例子。無論如何居家修繕在北歐還是非常實用的技能，有個能幹的老公，我是幸福的。(笑)

❶ 北歐女人在修繕這方面也越來越在行。
❷ 3歲的外甥練習操作婆婆老家的修繕工具。
❸ 芬蘭朋友家的搬樹工程。
❹ 趁夏天天氣好粉刷房屋。
❺ 我的公公可以算得上是個房屋修繕的狂熱分子。

❶ 北歐人的性開放舉世聞名。
❷ 爸爸媽媽結婚的時候小孩當花童，也沒啥不妥。

北歐式的新同居時代

北歐有很多伴侶認為，能相互扶持一起生活最重要，而不是急著簽下一紙婚約，北歐的法律和稅制也不特別鼓勵結婚。事實上，北歐人重實質輕形式的伴侶關係，也許可以在兩性議題上為我們提供一些新的角度。不管結婚與否，北歐人愛家的態度不變，這一點可是很肯定的。

北歐人以「性開放」聞名於世，但開放並不一定代表隨便。在性事及婚姻方面，北歐人走的是「實際」路線，強調身體的自主，比較不受宗教道德的約束。遇到自己喜歡的人，雙方你情我願的話，隨時可以住在一起或生小孩，有沒有結婚並不要緊。在丹麥和瑞典有將近半數的嬰兒屬非婚生，北歐其他國家這個比例也不低。

未婚同居的風氣可以說是從1970年代嬉皮浪潮後興起的，同居在斯堪地納維亞的語言中叫sambo，如今已是大多數婚姻的前奏曲，也有不少人乾脆以此取代婚姻。伴侶們能相互扶持一起生活最重要，而不是急著簽下一紙婚約，北歐的法律和稅制也不特別鼓勵結婚，因此，許多人更覺得沒必要拘泥於形式，同居就好。

同居在北歐一些國家其實是有相關法律保障的(瑞：sambolagen)，同居關係一旦結束，雙方有權平分共有財產，不過在子女監護權和遺產繼承權方面則與婚姻關係有所不同。為了避免爭議，有些伴侶會簽個同居協議書，這樣一來，同居和婚姻的實質差異又更縮小了。瑞典人的外國伴侶申請瑞典居留證時不一定要是配偶，同居人也可以提出申請，這也反應了瑞典人「性開放」的務實層面。

自己的小孩當花童

當年在瑞典學校開學迎新那一天，我認識了一個叫卡爾的博士班學生，聊天聊到一個段落，他說他必須先行離開，到幼稚園去接小孩放學。幾個星期之後，學校有人幫卡爾辦單身派對，原來他準備結婚。「咦？這是怎麼一回事？」初到北歐的我還有些一頭霧水。

卡爾結婚的對象是自己小孩的媽媽沒錯。同居的伴侶們中，不乏有人在同居十來年、小孩都大了之後，才突然計畫結婚的，真的就是隨興之所至。卡爾的小孩剛好在婚禮上當爸爸媽媽的花童，也沒有人覺得不妥。

烏勒是個挪威醫生，跟自己的同居伴侶有兩個小孩。一次幫他上中文課的時候我問他為什麼沒結婚，他笑著答：「好像就是少了那一股衝動耶！」

雙人床上的單人被

台灣的朋友們就算自己沒經歷過，電視上也有演，兩夫婦不和的時候，在床上拉拉扯扯搶被子蓋。在北歐這不是個問題，因為雙人床上總是有兩條單人被，各自保各自的暖，一般店裡還買不到雙人尺寸的被子呢！

我想，前提應該是北歐天氣太冷，搶被子蓋就只有受凍的份，一點也不有趣。但是這個小細節似乎也映照出北歐人在伴侶關係中的態度，伴侶們相愛相守，但每個人還是可以保有自己的空間。有些伴侶甚至選擇保留自己的住所而不同居(瑞：särbo)，也是他們的自由。

重實質輕形式

我們的社會結構不斷地經歷著變遷，一些現代人習以為常的事，幾十年前還會被批評為不倫不類。近年來奉子成婚這件事在台灣好像已經不用再遮遮掩掩，可以坦率地接受眾人的祝福了。然後逐年上升的離婚率，也讓尋找第二春的需求激增。

我之所以在這裡討論北歐人的同居關係，並不是要刻意鼓吹這樣的風氣，畢竟每個文化都有自己約定俗成的處事原則，就算要改變也不會是在一夕之間。不過北歐人重實質輕形式的伴侶關係，也許可以在兩性議題上為我們提供一些新的角度。不管結婚與否，北歐人愛家的態度不變，這一點是很肯定的。

PART FOUR

TRANSPORTATION

北 歐 人 的 行

用智慧科技創造便利綠生活

北歐人的錢包裡大多沒有現金，北歐電子支付風氣盛行，只要有一張信用卡和一支手機，日常生活的支付完全沒問題。實體銀行早已式微，北歐幾乎人人都有網路銀行戶頭，很少親自跑銀行了。丹麥央行日前宣布不印鈔，但無現金社會走得快，隱憂亦浮現，實際的利與弊依然有待評估。

1 哥本哈根的市區電車，終點站連結到機場，十分便民。
2 電車的自動售票系統。
3 北歐機場自動化程度高。

有一回，我在一個工作上的場合聽了一個關於未來與設計的報告，講者如是說：「回顧過去，人類歷史上最有革命性的三大發明分別是火、輪子和(智慧型)手機。」在座的聽眾們笑了，但這個說法也許並不誇張。最近幾十年來，行動電話和網際網路的使用大幅地改變了人們的生活型態。科技的發展日新月異，幾年前介紹過的新產品或新服務，現在可能不是普及就是落伍或被淘汰掉了。

北歐國家在行動科技革命中扮演了重要的角色。早年的GSM系統其實是挪威人發明的，芬蘭的諾基亞(Nokia)和瑞典的易利信(Ericsson)曾經引領風騷。北歐國家在網際網路覆蓋率及使用率，和公共服務及公眾參與電子化等指標均占全球領先地位。北歐人對新科技的接受度高，此外他們喜歡創新，這兩個環節結合在一起，更是為科技新創業者提供了絕佳的環境。

電子支付與無現金社會

我的錢包裡沒有現金，北歐電子支付風氣盛行，只要有一張信用卡和一支手機，日常生活的支付完全沒問題。如今使用現金的挪威人不到10%，我去丹麥或瑞典出差，也完全不用提領當地的實體貨幣。實體銀行早已式微，北歐幾乎人人都有網路銀行戶頭，很少親自跑銀行了。丹麥央行日前宣布不印鈔，但無現金社會走得快，隱憂亦浮現，實際的利與弊依然有待評估。

如入無人之境的自動化服務

也許因為地廣人稀外加人工成本過高，北歐服務自動化的比例不斷在提升。在特隆赫姆機場從辦理登機、託運行李到安全檢查前的登機證掃描，全是機器服務，如入無人之境。

2016年，全球第一家無人商店在一個瑞典小鎮開張，設立這家店的工程師是希望這個模式能使偏遠地區的居民生活更便利一些。台灣到處都是24小時營業的便利商店，來到北歐可能會不太習慣這裡的營業時間。瑞典新創公司Wheelys成功測試無人商店之後，現在準備進軍中國，在上海開設概念便利商店。這種經營模式雖然節省成本，但同時也考驗顧客的誠信度與當地的治安。相關業者如何尋求兼具便利性和安全性解決之道，值得持續關注。

> 科技必須與人的真實需求相結合，而並非只是冷冰冰的程式或商品。綠色智慧城市也必須宜居。

打造綠色智慧城市

北歐國家在21世紀的城市發展非常注重智慧城市、人工智能、科技創新、綠色設計等理念。近年來「智慧城市」的相關發展可以說是如火如荼，歐盟的「地平線2020」科研計畫也提供了重點支持。挪威第四大城斯塔萬格是最早拿到「燈塔城市」項目經費的北歐城市，在那之後諸如斯德哥爾摩、哥特堡、赫爾辛基等城市亦陸續加入行列，2018年特隆赫姆的申請案也順利通過。

「燈塔城市」必須有明確的氣候減排目標，透過智慧科技的應用來設計並展示能源和交通等方面的試點項目，強調產官學民4個環節的密切合作。科技必須與人的真實需求相結合，而並非只是冷冰冰的程式或商品。“Smart with a Heart”正是2018年斯塔萬格北歐智慧城市博覽會的主題。

低碳電能交通

挪威是世界上主要的石油出口國之一，他們一方面因油致富，另一方面卻致力於環保和氣候減排工作，說來其實有些矛盾。挪威在發展電力和新型交通工具方面不遺餘力，如今已是全世界電動小客車密度最高的國家，日前連鄰國丹麥都曾經派記者到第二大城卑爾根去取經。挪威主要城市的碳排放有50%以上來自交通運輸這個環節，接下來各式車輛會持續往電力化的方向發展。電單車、電公車、電力垃圾車、電動鏟雪車等，連漁船和渡輪亦在低碳電能開發之列。

歐盟自2010年起每年頒發「歐洲綠色首都」這個頭銜，城市必須自行提出申請。斯德哥爾摩、哥本哈根和奧斯陸分別在2010、2014和2019年獲得這項榮譽。奧斯陸有世界電動車首都的美名，30%的新

1 奧斯陸峽灣旁的油電混合渡輪。
2 奧斯陸是2019年的歐洲綠色首都，即將引進電動公車上路。
3 環保便利的大眾運輸，是北歐城市的發展重點。

車銷售都是電動車；市政府近年來逐步實行市中心車輛管制，並提升自行車和步行的比例；此外他們用生質廢物和城市汙水生產的沼氣來驅動市公車和垃圾車。

然而如車輛管制、減少停車位和道路收費系統等限制性的措施，容易招致爭議和民怨，這在許多城市都可以觀察到。綠色智慧城市也必須宜居，相關政策很難讓大家都是贏家，這點無疑是執政者的一大考驗。

體驗壯闊峽灣與世界最長的隧道

挪威的峽灣壯麗吸引了無數的遊客到此遊覽，坐船遊峽灣最能感受其風光。此外，更有許多人特地前來體驗位在奧斯陸和卑爾根之間、世界最長的萊爾道隧道。

地廣人稀的北歐，公路其實離自然環境不遠。就算在人口較為密集的南部，車行芬蘭給我的印象還是到處都是森林，北方就更不用說了。記得在瑞典自助旅行的時候往北邊走，車子常常一搭就是5、6個小時以上，坐在車上的我卻睡不著，目光總是離不開窗外饒有靈氣的林木湖泊。

斯堪地納維亞半島的公路旁常可以看到一個別具特色的三角警示標誌：「小心鹿隻！」瑞典芬蘭是黃底，挪威則用白底。巨大的麋鹿一旦出現在公路上，撞上去可不得了，當年自助旅行時我搭乘了北瑞典的內陸鐵路(Innlandsbanan)，那是夏季才行駛的觀光路線，有幾次火車沒到站卻停了下來，車掌緊接著宣布說：「我們先等前面的群鹿穿越鐵軌，再開車喔。」

挪威的峽灣壯麗景致吸引了無數的遊客到此遊覽。不過遍布西部海岸的峽灣，也成了道路規畫和建設的一大考驗。行駛峽

芬蘭的「小心鹿隻」警示牌。

灣間當然浪漫，不過趕時間的時候就有點傷腦筋了。

公車汽車開上渡輪

峽灣地形是先經過冰河切割，待冰河退去之後，低於海平面的部分海水深入內陸所造成的，挪威最長的松格峽灣(Sognefjord)就有204公里長。第一次到挪威，為自助旅行排程的時候，我發現在歐陸十分普及的鐵路網在挪威行不太通，大部分的峽灣交通都要靠公車。橫跨峽灣最節省時間的方法就是渡輪了，那時連公車都開上渡輪抵達對岸，真是讓我感到有些驚奇。

婆婆的老家位在峽灣區，從我們家開車過去，距離最短的路線有三班渡輪。出發前老公總是得看好渡輪班次表，計畫什麼時候出發最合適，開車的時候也要控制好時間，錯過了一班渡輪，後頭的行程也都跟著打亂了。

車子開上渡輪之後，熄火停好，乘客便移駕到休息室去小坐一下，喝杯咖啡吃個點心看個報紙，有些大一點的渡輪還有兒童遊戲區。長途開車的駕駛人剛好可以趁這個時候伸伸腿，其實也挺不錯的。

天氣好的話，到甲板上欣賞峽灣風光，當然是一大享受。到挪威來觀光旅遊一定得坐船遊峽灣，最知名的路線包括有列名UNESCO世界遺產的蓋倫格(Geiranger)峽灣，和挪威縮影(Norway in a Nutshell)中的從Flåm到Gudvangen的那一段。

山路蜿蜒，速限不高

說到「高速公路」，台灣的朋友們可能直接聯想到寬廣的四線道八線道，德國的Autobahn更以「不限速」出名。E6公路

> 挪威的萊爾道隧道是當今世界上最長的道路隧道，全長24.5公里，為了防止疲勞肇事，隧道中間還有光線模擬日出，讓駕駛人提振精神。

是從瑞典延伸到挪威的主要南北向交通要道，出了奧斯陸往北走，大部分的路段就只是雙線道，速限頂多只有90公里，山區路段更是路窄蜿蜒，這跟我心目中的高速公路真是相去甚遠。對愛開快車的人而言，挪威恐怕不是個有趣的地方。

北歐的日照時間變化大，為了安全起見，行車時車頭燈是全天候都要開的，不分白晝或黑夜，這也是外地來的駕駛人應該留意之處。

世界上最長的隧道在挪威

挪威多山的地形、長且參差的海岸線、和冬天嚴酷的氣候，為規畫興建運輸系統的工程人員帶來無比艱鉅的挑戰，但如今他們已陸續為難題找到了令人佩服的解決方案。挪威的隧道密度超高，我的公婆從史塔萬格附近開車到峽灣區的老房子，630公里的路程中有70公里在隧道裡。一般來說隧道可以節省不少行車時間，也提高了冬日行車的安全性。

挪威的萊爾道隧道(Lærdalstunnelen)是當今世界上最長的道路隧道，於2000年底通車，位在奧斯陸和卑爾根之間，連接Lærdal和Aurland兩處，全長24.5公里。這麼長的路程都在山裡，安全的相關設計很重要，為了防止疲勞肇事，隧道中間有3個大洞穴形成區隔，洞穴裡的光線模擬日出，讓駕駛人提振精神。挪威國營電台NRK製作的第一個慢電視節目就是2009年的《卑爾根鐵道分分鐘》，7個小時直播火車從奧斯陸開到卑爾根的風景。2011年又繼續推出海達路德遊輪(Hurtigruten)的主題，134個小時從卑爾根沿著海岸線行駛到極北的希爾克斯。想體驗挪威壯麗風光的朋友，這些節目也是個好管道。

1 挪威多山，公路速限不高。
2 渡輪是行駛峽灣間常見的運輸工具。
3 人們可以在休息室喝杯咖啡、伸伸腿。
4 車輛排好隊，準備上船。
5 「小心山怪」的警示牌，全挪威只有一個，在Trollstigen的入口。
6 甲板上的風光明媚。
7 渡輪上的售票員，得忍受各種天候。
8 挪威慢電視曾經直播134小時的海達路德遊輪航程。

北歐人雪地行車的常識

冰天雪地的冬天，行車、行走都需要格外的小心，北歐人在車子的輪胎種類、雪地上的標誌、行人的行走方法等等各方面，都有針對冬天作的應變措施。

在亞熱帶的台灣，除了高山地區以外，冬天並不會下雪。所以雪地行車要注意的事項，是我們缺乏的常識。我從瑞典拿到學位回台後的那年冬天，在電視上看到合歡山下雪的新聞，一時上山賞雪的人真是趨之若鶩。其中，畫面帶到一個年輕人接受訪問，他正要騎著125c.c.的摩托車下山，身後還載著女友。「這樣超危險的啊！」我心中不禁為他們捏了一把冷汗，殊不知天雪路滑，那樣很容易失控發生事故的。

細棍子讓駕駛人知道路的邊界在哪裡。

大雪中的特隆赫姆。

“在挪威拿到駕照之前，「打滑駕駛」這個課程項目是必修，有模擬的場地供人練習。”

換季也要換輪胎

時序入冬，北歐換季工程的重要項目之一就是為大小車輛換上冬季輪胎。夏季輪胎的材質在低溫的時候會變硬，為了道路安全，換輪胎有其必要性。冬季輪胎有的裝有胎釘，有的沒有。裝了胎釘的輪胎在無雪的柏油路面行駛時會加速路面的磨損，所以胎釘輪胎的使用一般是有期限的。胎釘輪胎常是造成挪威城市冬季微塵空氣污染的主要原因，因此部分城市當局傾向推廣無胎釘的冬季輪胎。

不過並不是換了輪胎後，在冰雪路面行駛就毫無問題了。在雪地起步時輪胎有可能會空轉；遇到結冰的路面更要特別小心，不要突然變換方向或煞車，轉彎時也要提早減速。在挪威拿到駕照之前「打滑駕駛」這個課程項目是必修，有模擬的場地供人練習。

一片白茫茫，路在哪裡？

我第一次在冬天拜訪挪威，飛機在歐雷松德(Ålesund) 降落，機場巴士駛離機場時，外頭是一片雪白大地。我開始好奇，所有的路標和標線都不見了，司機怎麼知道路在哪裡？原來道路兩旁插有一些細棍子，讓駕駛人大概知道路的邊界，不至於開到溝裡或撞到白雪下方的障礙物。

下雪的時候鏟雪車可忙碌了，必須來回行駛維護路面。挪威有些山區路段，像是髮夾彎密集的名勝Trollstigen，冬天的時候乾脆封閉不開放通行。雪崩也是山區路段潛在的危險。挪威山多路狹，每年入冬都有不少外國卡車司機受困或發生事故的新聞。總之冬日行車真的要格外謹慎。

路上有冰，走路當心

雪季來臨，不僅是駕駛人，路上的行人也要當心。當氣溫在零度上下搖擺的時候，積雪就轉化成滑溜溜的冰，不少人跌倒骨折掛病號，尤其是上了年紀的人。平地還好，有坡度的話難度更高，有時下得去上不來，一個住在山坡上的朋友告訴我，特別滑的時候她還得抓著路旁的樹枝才能回得了家呢。

擔心跌倒的人不是無計可施，可以在鞋底裝個臨時釘套加強抓地力，進入室內之後再脫下來就好。一些常有人走的路段，公家單位通常會鋪撒碎砂石，讓民眾行得安心。不過住家或商店外面的人行道就是屬私人負責的區塊了，如果有人在住家外滑倒受傷的話，原則上屋主可是要負連帶責任的。

冬季限定的交通工具

不少從外國到瑞典的交換學生喜歡到北方的拉普蘭地區來一趟特別的冬日之旅。極地北大荒裡，有很多其他地方見不到的交通工具：雪上摩托車、狗拉雪橇等，馳騁雪地的快感的確很吸引人，不過零下幾十度的氣溫，衣服一定要穿得夠暖就是了。

雪地裡行走不易，越野滑雪在早年其實是北歐人的交通工具，車輛普及之後，才漸漸轉為一種運動形式。除此之外，冬天偶爾還是可以看到人們利用一些玩意兒便利移動和運輸，拉小孩的雪板就是其中之一，送小孩去幼稚園或是上街買菜，載人載物兩相宜！

1 雪景浪漫，但雪地行車有不少要注意的地方。
2 拉小孩的雪板。
3 椅式雪橇，前面可以坐個人。
4 雪上摩托車。
5 越野滑雪時拉小孩或物品的掛箱。
6 馴鹿雪橇，聖誕老公公的最愛。
(Suomen Latu ry, A. Aaltonen提供)

井然有序的北歐交通

在北歐國家，大家都十分遵守交通秩序。瑞典的相關法令於2000年的時候實施，表明路上最大的不是車子，行人的路權也應受到重視。而瑞典從1990年起就把酒測標準調到千分之0.2，要是酒駕被抓的話，一個月的薪餉就得上繳公家。

❶ 北歐有不少圓環調節車流，倒三角形是讓路的標誌。
❷ 看到這個標誌，車輛就得禮讓行人。(背景是隆德大教堂)
❸ 轉彎車輛也得讓行人先行。

每個國家都有自己的道路文化，這也是我們到外地旅行時可以即時親身體驗的一部分。多年前去越南河內旅行的時候，一開始我真的被市中心川流紊亂的車陣嚇到了，過馬路的時候心驚肉跳。那裡的人習慣按喇叭，只要有人車擋了他的路，馬上叭，一點也不猶豫。幾天下來雖然發現亂中其實有序，卻也已經神經緊繃到快要崩潰了。

北歐國家的交通可以說是位在另一個極端，安靜而有秩序。遵守交通規則，用路人互相尊重，是這裡普遍的共識。喇叭是用來警示危險用的，如果前面有人車擋了路，那就耐心地稍微等候一下吧。

曾經在台灣開了2、3年的自排車，目前在挪威沒有駕照。在挪威拿駕照並不簡單，包含筆試和實際道路駕駛，還有一些必修課程。紮實的訓練和要求也是為了提升道路安全、減少不必要的事故發生。

斑馬線行人優先

常當行人的我最欣賞的規定之一，就是在沒有號誌的地方，只要有斑馬線，車輛就必須停下來讓行人優先穿越馬路。瑞典的相關法令於2000年的時候實施，表明路上最大的不是車子，行人的路權也應受到重視。有號誌的地方，轉彎車輛也要讓過馬路的行人優先通過。

儘管大部分的情況是如此，要提醒大家在大城市裡過馬路還是要小心，有些時候就算行人端站在斑馬線旁等，車子還是照樣駛過。無論如何行人還是看到來車確實減速了再走，比較安全。

「讓路」的駕駛順序

在沒有紅綠燈的路口，越南的汽機車駕駛人採取的是見縫就插、先過先贏的策略。在

瑞典第三大城馬爾默街頭。

北歐，駕駛人則有停車讓路的義務，大原則是讓右方的來車先行，其中有一些例外，譬如主要道路的車輛就有絕對優先權。

公車在站牌停靠，上下客完畢之後，打起方向燈準備重新上路，這時後方的駕駛人必須讓公車先行。此外，北歐有不少十字路口設有圓環以調節車流，尚未進入圓環的車輛必須讓圓環內的車輛先駛。如此的井然有序，就算沒有號誌也能行車順暢不打結。在地廣人稀的北歐，紅綠燈號誌出了城市其實很少見。

速限是用來遵守的

以前在台灣，我是個喜歡開快車的女人，速限的標示我常視而不見，當然也曾因此接過幾張罰單。老公在挪威開車的時候則會留意速限並乖乖遵守，就算路旁沒有警察、也沒有測速相機，有時候一整條路上還只有我們這一台車。

其實這是個好習慣。開快車時間省不了多少，一旦發生事故可就不妙了。以其人口計算，瑞典和挪威的車禍死亡率在歐洲是最低的，儘管如此，相關當局還是不斷致力朝零事故的目標努力，秋冬時期天黑的時間很長，這時行人要記得穿戴反光片，以提高在路上的能見度。此外繫安全帶也仍是重點宣導項目，尤其是在長途行駛的公車上。

瑞典從1990年起就把酒測標準調到千分之0.2，挪威幾年前跟進，這應該是世界上最嚴格的標準了。在瑞典酒駕被抓的話，一個月的薪餉就得上繳公家。交通違規除了會讓人荷包大失血，2004年1月起挪威更實施了集點制，超速、闖紅燈、違規超車、違反讓路義務等違規事項都有點數，3年內集滿8點駕照就吊銷6個月，不可不慎啊！

↓→北歐各式各樣的路標。

E 10
Lofoten
Moskenes
kommune

Hamngatan
Kv. Sqvalperup

30

Amaliegade

北歐人騎自行車通勤

近年來北歐一些城市持續推廣自行車通勤，意在環保。一個綠色城市的自行車使用率一定不低，這樣既可以節省燃油銷耗，又能改善空氣品質。整體而言騎自行車通勤真的是一舉數得，大家何樂而不為呢？

不管你是市井小民還是政府官員，不管你是教授醫生還是大經理，不管你家裡有沒有汽車，很多北歐人還是選擇騎自行車上班上學。

方便健康又環保

探究北歐人騎自行車通勤的原因，一來是可以省點車錢，二來是比較能夠自由掌控時間，住在城市外圍的人公車站牌離住家也許有一段距離，等車換車也挺麻煩的。不過一騎騎個十來公里的也大有人在，這應該就跟生活的態度和習慣有關了。

我公公退休前在大學擔任教職，自行車是他往返的代步工具，單程騎一趟要花40分鐘，沿路還有高低起伏的坡度，快到辦公室前那個上坡路段總是讓他氣喘如牛，但他還是樂此不疲。「這樣我就不用額外撥時間做運動或上健身房啦！」他微笑地告訴我。

很多地方腳踏車可以帶上火車，讓通勤者更方便；也有些公司行號設置了淋浴間，讓騎車來的員工可以沖個涼再上班。

這麼做不僅需要個人的體力和毅力，周邊一些對自行車騎士友善的措施也能幫上不少忙，例如自行車專用道和停車場等。很多地方腳踏車可以帶上火車，讓通勤者更方便；也有些公司行號設置了淋浴間讓騎車來的員工可以沖個涼再上班。

北歐城市持續推廣自行車通勤，意亦在環保。整體而言這真的是一舉數得，既可節省燃油銷耗、改善空氣品質，又能省去停車位占用的城市空間，大家何樂而不為呢？

挪威是世界上腳踏車冬季胎使用率最高的國家。

有意思的行頭設施

我求學的城市隆德是南瑞典知名的大學城，那裡的學生幾乎是一人一台自行車，火車站旁還有個立體停車場供大家使用，不過總是車滿為患。我那時的印象是，不少人的車都蠻破爛的，可能是學生窮，再者也怕愛車被偷。中挪威的特隆赫姆也是個學生城，可是自行車的等級卻提升了，又打檔又變速的。據我觀察應該是地形的關係，特隆赫姆有不少丘陵，大學也位在山坡上，車子性能如果不佳，騎起來就格外吃力。近年來挪威電動自行車的使用率越來越高，讓爬坡造成的騎車門檻大幅降低。

一台好車當然要配上好鎖。挪威這裡常見一種特別粗勇的大鎖，牽車走的時候有人會把大鎖繞在身上，形成另類裝飾。冬天下雪結冰的時候，很多人便改搭大眾

哥本哈根自行車交通規則：

1.> 靠右通行，在專用車道上不要並排或爭先恐後。
2.> 尊重行人，公車上下時乘客有權優先通過。
3.> 遵守號誌。無自行車專用號誌時遵守車輛號誌。
4.> 轉彎時要打手勢，左轉伸出左手，右轉伸出右手。在顛峰時間有人甚至煞車時也舉起手臂示意，以免後方騎士追撞。
5.> 左轉時要特別注意，一些路口必須待轉，先騎到右方路口右側左轉再直行。
6.> 雖然有不少騎士看沒車的時候闖紅燈或紅燈右轉，可是被警察發現會開罰單的。

運輸工具或開車。還是堅持騎車的死忠人士，這時就會為他們的自行車換上裝有胎釘的冬季輪胎，挪威是世界上腳踏車冬季胎使用率最高的國家。

有不少通勤族要先把小孩送去上幼稚園，最簡單的作法是在自行車後方的置物架加裝一只幼童專用的塑膠椅，也有人乾脆加掛一台小拖車，讓小孩坐得舒服些。丹麥有種風行數十年的「Christiania腳踏車」，其設計是把大置物籃放在車子前面，載小孩比較安全，載送貨物也很方便。

丹麥是個自行車國度

因為其地勢平坦，全國最高點只有173公尺，丹麥更是北歐國家中的自行車國度。10個人裡面有9個人擁有自行車，44%的孩童(10～16歲)騎車上學，63%國會議員騎車上班。走在首都哥本哈根的街頭，自行車的風景隨處可見。自行車與汽車及行人是分道而行的，尖峰時間的時候，自行車專用道上的車是一台緊接一台，騎太慢的話還會讓後面的人抓狂呢！

想體驗一下在北歐城市騎自行車的感覺嗎？沒問題！大部分的北歐主要城市現在都有公共自行車。不過騎士們請留意當地的自行車生態，遵守交通規則。當行人的也要特別注意，不要走到自行車道上，擋到騎士們的路了。

❶

❶ 行人與單車各有各的號誌。
❷ 行人和自行車各有各的路。
❸ 右轉車道淨空，不爭先恐後。
❹ 斯塔萬格的自行車停車位。
❺ 特隆赫姆多丘陵，有個全世界獨一無二的自行車爬坡裝置。
❻ 載小孩載貨物可以加掛「車廂」。
❼ 哥本哈根的自行車風景。
❽ 很多北歐人喜歡用自行車代步。
❾ 哥本哈根街頭有免費的自行車供遊人使用。

隨時隨地帶娃娃上街

北歐有些咖啡廳在白天時段可以說是嬰兒車滿為患；喜歡看電影的爸媽也可以帶寶寶去「嬰兒電影院」看場院線片；市內公車中段通常都有個比較寬敞的空間，門也比較大，推著娃娃幾乎哪裡都可以去。愛小孩的北歐人善用工具，盡可能地把小孩和生活結合在一起，值得我們學習。

❶ 辣媽帶著娃娃上街。
❷ 嬰兒車琳瑯滿目，怎麼選學問不小。
❸ 公寓一樓的入口通常是不能置放雜物的，娃娃車除外！

初到北歐來旅行的人可能會留意到一個現象，這裡路上的嬰兒車或娃娃車真不少。雖然近年來已有改善，但台灣的「無障礙空間」仍有待加強，想推娃娃車出門的父母還是容易遇到各式天橋地下道、騎樓堆放的雜物、高低起伏的路面，和隨意停放的機車。在這方面北歐的「把拔馬麻」們可就幸福多了，推著娃娃車幾乎沒有去不了的地方。

大部分的北歐爸媽生完小孩之後有將近一年的育嬰假，不想待在家裡的話，隨時可以去外頭逛街、散步、參觀美術館、上咖啡廳，生活的安排不受太大的限制。有些咖啡館在白天時段可以說是車滿為患，彷彿成了「娃娃幫」的地盤，媽媽們一邊跟朋友聊天、一邊哺乳。喜歡看電影的爸媽也可以帶寶寶去「嬰兒電影院」看場院線片，那裡的光線比較明亮、音量也比較柔和。

當年我剛生完小孩，衛生所的醫護人員把同梯的新手媽媽組織成一個社交小組(barselgruppe)，讓媽媽們在育嬰期間自行安排聚會。這個交誼體系對很多新手媽媽來說提供了重要的支持，有些到孩子大了都還繼續保持聯繫。

如何選擇嬰兒車？

有些新手爸媽認為，幫即將出世的寶寶選嬰兒車，幾乎跟取名字一樣讓人難以抉擇。嬰兒車的市場生態其實跟汽車頗為類似，有人考慮實用和經濟因素，買二手車就好；也有人堅持為寶寶和推車的自己買台新潮時髦的「法拉利」。

不論價位如何，嬰兒車首先必須兼顧安全性和舒適度。車子好不好推？穩不穩？寶寶睡在裡頭舒不舒服？此外，爸媽也必須考慮居家環境和自己的生活習慣，以尋找合適的車種。常開車出遊的人，輕便容易收納的款式應該不錯，喜歡慢跑的人，也有運動車可以推著跑。北歐的氣候四季分明，有些爸媽不分晴雨雪都會推著娃娃出門，擋風遮雨的材質很符合當地需求。款式決定之後，爸媽們還可以選擇自己看得最順眼的顏色。

有專家指出，像嬰兒車這類的用品雖然增添了便利性，卻減少了小孩兒與父母的身體接觸，這個缺點可能是很多人始料未及的。在北歐，把孩子放在餐廳或咖啡館門口，家長在附近聊天喝咖啡，是一件很平常的事情。但有一個丹麥媽媽在紐約這麼做卻被警察逮捕，坐了好幾個小時監獄。國情不同作法不一，其中的文化差異是有很多可以探討的。

娃娃車上大眾運輸

北歐的市內公車中段通常都有個比較寬敞的空間，門也比較大，攜有娃娃車或行李箱的人，甚至是殘障人士，都能方便搭乘。坐在車門附近的乘客如果看到有人要推娃娃車上下車，就會自動起身幫忙，好像是個不成文的社會默契，讓人覺得很貼心。

火車上的置物區夠大，放置娃娃車不是問題。有些車種甚至設有兒童遊戲區，爸爸媽媽可以帶小朋友去那裡玩耍打發時間，對幼兒家庭十分友善。

登山滑雪背著走

我家附近有一條河，平日常有人推著娃娃車沿著河邊散步，週末更可以看到人們攜家帶眷一起出動的景象。北歐娃娃車的輪子很大，不管是雪地還是泥地推起來都很順。

北歐人熱衷於戶外活動，夏天健行冬天滑雪，有了小孩也不會因此受阻，買個質輕堅固的背架把小孩背出門，就不用煩惱了。在野外常可以看到許多全家福的歡樂圖像，彷彿是自家客廳的延伸。

很多人擔心小孩生下來之後生活會全變了樣，失去不少自由。愛小孩的北歐人則盡可能地把小孩和生活結合在一起，值得學習。不過我倒有些好奇，登山滑雪的時候背架裡的娃娃不知感受如何？是不是也享受著一路上的風景呢？

①②嬰兒車上下公車很方便。

③火車上的置物空間夠大，停放娃娃車沒問題。

④推著嬰兒車上咖啡廳，很流行。

⑤⑥冬天也帶寶寶出門滑雪。

⑦北歐人熱衷於戶外活動，不會因有了小孩而受阻。

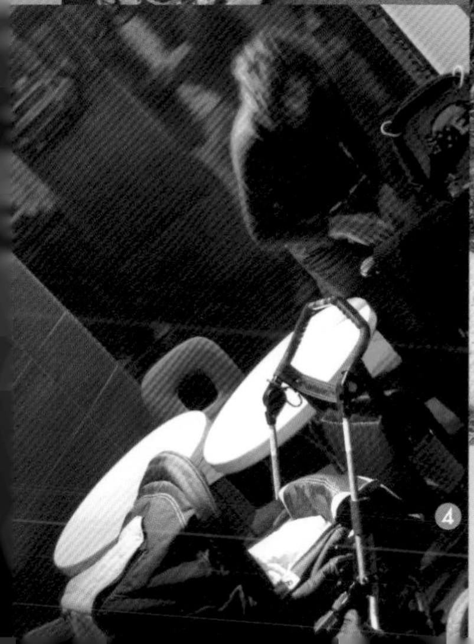

PART FIVE

EDUCATION

北　歐　人　的　育

用不同的儀式串起豐富人生

受洗禮、堅信禮、畢業典禮、單身派對、婚禮……北歐人用了幾個饒富意義的儀式串起一生，讓人生的每個階段都有獨特紀錄的方式。

基督教是北歐人的傳統，但大部分北歐人的宗教觀很自由，星期天固定上教堂作禮拜的人占少數。儘管如此，一些人生的儀式還是離不開教堂，如嬰兒的受洗禮、少年的堅信禮、婚禮及喪禮等。畢竟，教堂裡的莊重氣氛沒有什麼別的地方可以取代，在人生的重要時刻，人們還是希望得到神的祝福的。

這些慶祝餐會通常都蠻溫馨的，席間通常會有人站起來對主角發表小演說，或是用熟悉的曲子預先填好新詞，讓賓客們一起唱頌。

小嬰兒的受洗禮

嬰兒出生後幾個月，爸媽通常會為他安排受洗儀式。通常是在星期天的彌撒之後，小嬰兒穿上受洗袍，由教父教母之一抱著，讓牧師在他的額頭淋上聖水、劃上十字，祈求上帝保佑他的一生。

老公的姊姊生下第一胎之後，問我這個舅媽有沒有意願當教母，我欣然同意了。後來我兒子出生之後，也在特隆赫姆的尼達羅斯大教堂受洗，我們家的教區在那裡，這個大教堂也是挪威國王加冕的地

> 挪威的堅信禮儀式一般是在5月舉行，從前一年的秋天開始，教會會幫準備行禮的少男少女們安排一系列的課程和活動，其中除了宗教意涵的探討之外，也會穿插一些社會人文的議題。

❶ 堅信禮餐會中的蛋糕，樣式口味眾多。

方。北歐王室的小公主小王子受洗時，教父教母可都大有頭銜來歷，不是自己的王室親人、就是其他國家的王儲代表，此舉頗有結盟的象徵意義，在古時候尤其重要呢。

少年的堅信禮

少年到了14、15歲中學9年級那年，便是行堅信禮的時候了。挪威的堅信禮儀式一般是在5月舉行，從前一年的秋天開始，教會會幫準備行禮的少男少女們安排一系列的課程和活動，其中除了宗教意涵的探討之外，也會穿插一些社會人文的議題。我覺得堅信禮很有幫少年們「轉大人」的意味，讓他們更成熟懂事。不想上教堂的話也有公民版的儀式可選。

❷ 小嬰兒的受洗儀式。

❸ 參加堅信禮的少男少女。(J. Grilling 提供)

(J. Grilling 提供)

> 單身派對一般都是個驚喜，由伴郎主導，把新郎的好朋友約在一起，必要時跟新娘先串通好時間。導致婚期的前幾個週末，新郎就開始緊張，不知道會發生什麼狀況。

高中畢業的歡慶

我第一次到瑞典旅遊的時候是在6月間，南部大城馬爾默的街頭有好幾輛敞篷車載著盛裝的年輕男女呼嘯而過，音樂的分貝超高。朋友蘇珊說他們是在慶祝高中畢業，帶著白帽開車遊城。

挪威這裡的慶祝更有趣，應屆畢業生變成了叫「儒斯」(挪：russ)的特殊人種，活動從5月1日左右開始，一直到5月17日國慶遊行完為止。這段時間他們穿上招牌制服，紅色是普通高中，技職路線的則是藍色或黑色，群聚在一起玩樂，通宵也沒關係。

總之就盡情揮灑，讓青春不留白。他們還會印製儒斯名片，小朋友們很喜歡蒐集，看到穿制服的就趨前向他們討。

瘋狂單身派對

有部叫《婚前興行為》(2000)的瑞典喜劇電影曾在台灣上映，整個故事從一場瘋狂的單身派對開始。結婚前的單身派對的確是北歐人的一大盛事，爛醉難免，但大多都沒有像電影裡演的那麼頹廢就是了。單身派對一般都是個驚喜，由伴郎主導，把新郎的好朋友約在一起，必要時跟新娘先串通好時間。婚期的前幾個週末，新郎就開始緊張，不知道朋友們什麼時候會來綁架他，也不知道接下來會發生什麼狀況。有些時候朋友們會開開玩笑，要主角在公眾面前做些傻事，心地善良一點的則會安排些特別的體驗，像我老公的伴郎就請他搭乘了一趟私人飛機，反正就是要讓主角終生難忘。單身派對當然也有女生版，不過印象中女生版似乎就溫和許多了。

❶「儒斯」們慶祝高中畢業。
❷ 剛完婚的新人在教堂門口接受眾人祝福。
❸ 婚宴上的溫馨小演說。

步入結婚禮堂

雖然越來越多北歐人選擇同居不結婚，婚禮這檔事人們還是很慎重的，排場可以不大，溫馨浪漫的感覺一定要營造出來。6月在北歐是結婚的旺季，一方面天氣較好，一方面也趕在大家暑期度假之前。

我在挪威參加過幾場婚禮，一天下來的流程大概是這樣的：教堂證婚儀式，拍婚紗照，然後婚宴。挪威人的婚禮，很多習俗跟在台灣頗為不同。賓客人數方面，大多是在30來人到70、80人之間，不像我們動輒數百人；送禮方面，多屬餐具銀器或擺飾品，只有少部分人會送錢；新娘禮服方面，不管是買是租，通常是一件婚紗穿到底，不用換個兩三套；婚宴方面，常從傍晚進行到大半夜，晚餐後還有蛋糕咖啡，大家一起跳舞飲酒作樂，玩到太晚有些地方還提供宵夜，台灣則通常是一頓飯吃完後就送客走人。

一場婚禮下來真的是所費不貲，也難怪很多人選擇同居。但不管結合的手續是繁是簡，相愛容易相處難，伴侶們接下來如何經營共同的生活，學問才深呢。

讓小朋友快樂長大

1979那年，瑞典成為世界第一個立法規定不准體罰小孩的國家。這個立法想表現的精神是：每個小孩都是獨立的個體，而非父母的擁有物或附屬品。對待小孩，父母必須懂得溝通和尊重，小孩子們有權利也被鼓勵勇於表達自己的意見。

2003年出版的孤獨星球(Lonely Planet)旅遊指南列舉出了北歐旅遊經驗最糟的前十名，其中的榜首居然是：「公共場所中沒規矩的小孩和漠不關心的父母，尤其在瑞典和冰島」。看到這個敘述我不覺會心一笑，類似的場景我也曾經遇過。

當年自助旅行期間我去瑞典中部的Rättvik參加仲夏節慶典，不管大人的節目進行到哪裡，許多金頭髮的小朋友總是滿場飛，玩樂笑鬧，一刻也靜不下來。那時候的我對這樣的缺乏管教也感到訝異，轉頭跟身邊的瑞典友人討論，她告訴我：「在瑞典，打小孩是違法的行為喔。」

我的童年沒經歷什麼體罰，但身邊不乏從小被打到大的朋友。不打不成器似乎是許多華人父母的教養思維，家教嚴小孩才會「乖」。

❶ 小朋友在幼稚園慶生，當一天的主角。

❷ 挪威的文化節慶常有兒童專屬的活動。

把小孩當大人尊重

1979那年，瑞典成為世界第一個立法規定不准體罰小孩的國家。這個立法想表現的精神是：每個小孩都是獨立的個體，而非父母的擁有物或附屬品。對待小孩，父母必須懂得溝通和尊重，小孩子們有權利也被鼓勵勇於表達自己的意見。

雖然如此，北歐的教養也並不是完全沒有管束這個部分的，小孩的行為模式畢竟尚未成熟，無法自己分辨是非。然而只要大原則抓住，讓他們慢慢懂事，剩下來就是讓小孩專心當個小孩了。「只要你不干擾別人，待人和善，其他你就可以如你所願行事。」這是挪威的大小朋友們熟知的豆蔻村(Kardemommeby)守則。「乖」和聽話並不是北歐兒童界被尊崇的美德，他們從小就被鼓勵說出自己的意見和參與決策。

小學生不打成績

北歐的教育普及水準高，而且大多是免費的公立學校，想上大學的人不用擠破頭，職業方面也沒有明顯的貴賤之分，如此一來，升學壓力自然不太存在。更讓台灣小朋友羨慕的是，瑞典丹麥挪威這幾個國家，1～7年級學校裡不打成績，小朋友不用為了分數苦惱。小學不打成績的另一個目的是為了避免拉大社會差距，即使有測驗或評量，也是為了讓老師得知學生的學習成效，不是拿來比較用的。

培養健全的人格，激發追求知識的熱情，應該是這個階段學校教育的重點。我上小學的兒子每學期會有一個自我評量，讓小學生自己評估自己哪裡表現好、哪裡需要再加強，師生都同意之後，還會讓小朋友簽一張改進合約。

“北歐的小朋友也安排了很多課後活動，不過是完全依自己的興趣和意願。除了音樂美勞戲劇等才藝以外，運動是很重要的元素。”

沒有壓力的多彩多姿

小學都不打成績了，學前教育就更沒有必要緊張，雙語幼稚園十分罕見，「生活學習」才是主軸。在北歐常常可以看到幼稚園的小小朋友倆倆牽著手排隊到街上走，在學校以外的地方參觀或活動，就是老師們辛苦了點，尤其是上下公車清點人數的時候！不分晴雨雪，幼稚園每天下午都可以看到小朋友們在戶外活動區嬉戲，和各種不同的天氣相處，也是北歐幼教的特色。

上小學之後，北歐的小朋友也安排了很多課後活動，不過是完全依自己的興趣和意願。除了音樂美勞戲劇等才藝以外，運動是很重要的元素。很多小朋友喜歡從事各種不同的運動，足球是大熱門，手球體操之類的也不錯。

有一回，我在哥本哈根的中國餐館遇到一個香港女侍，她嫁給丹麥人，有個13歲的兒子。我問她有沒有給兒子上中文課，她說原本是有的，不過學校的老師擔心這樣負荷太重，會排擠到男孩其他活動的時間。她也不希望兒子壓力太大，跟兒子討論過後發現他的確有意願學習，才又繼續上中文課。

揚德，厭德？

綜觀而言，北歐教育似乎意在培養一個優質的普通人，比較不走菁英路線。在這方面，「揚德法則」（丹，挪：Janteloven，瑞：Jantelagen）提供了一個重要的社會背景。1933年，挪裔丹麥人Axel Sandemose在他的一本小說裡虛構了一個叫Jante的北歐小鎮，小鎮的民風封閉保守，有10則信條，大概就是說「你不該相信你有什麼了不起」。

小說裡藉此諷刺地描述出一個小鎮心

1 北歐的小朋友常上街生活學習。
2 機場也是參觀點之一。
3 下雪天也有戶外活動時間。

態，表面上說是要維持地方上的團結穩定，其實是見不得別人好。「揚德法則」或許太極端不討喜，但是反競爭和低調處事原則在現今的斯堪地納維亞社會還是可以觀察得到，學校職場等團體中，比較沒有人喜歡強出頭。然而追求平等的同時，個人發展自由便受到了壓抑，什麼樣的方式比較好，近來北歐社會也持續就此事討論著。無論如何，讓小孩子有個健康快樂的童年，大人們應該責無旁貸吧。

北歐男人的新男子氣概

跟世界上其他國家相比，性別角色的區分在現今的北歐社會中可以說是相當模糊了，女人可以做政治領袖、公司總裁，男人在家煮飯帶小孩也並不奇怪。

說北歐國家是女人的烏托邦，應該並不為過。1906年，芬蘭成為歐洲第一個賦予女性投票權的國家；1980年，全球第一位民選女總統在冰島產生；2002年挪威成為世上第一個規定上市公司的董事會比須有40%是女性的國家，有意思的是，發動這項提議的商業部長是位男性。

世界經濟論壇於2006年起每年發表《全球性別差距報告》，展示男女間在經濟地位、學習機會、政治參與及衛生福利4個範疇中的差距。2018年的評比結果前4名由北歐國家冰島、挪威、瑞典和芬蘭包辦。其他類似的國際評比北歐國家亦名列前茅。相較之下，性別角色的區分在現今的北歐社會中可以說是相當模糊了，女人可以做政治領袖、公司總裁，男人在家煮飯帶小孩也並不奇怪。

北歐的育嬰制度十分注重父親的參與。在北歐的街頭經常可以看到年輕的爸爸推嬰兒車逛街散步。

令人欣羨的育嬰制度

歸根於農業社會時期的傳統，今日北歐的普遍認知是：女人是勞動力的重要資產，賦閒在家太可惜了。北歐有四分之三左右的女人出外工作任有給職。既然如此，如何幫助女人兼顧事業與家庭，當然是一個不可忽視的課題。瑞典1930年代開始建構的福利社會就是和女性運動相互連動的。

孩子生下來之後交給長輩親戚幫忙帶或送去私人的保姆或托兒所，不符合北歐的社會習俗，這裡的育嬰制度由政府主導。在這方面瑞典是先驅先河，1974年瑞典便開始實施親職保險，時至今日，保險的內容包含了這些項目：「孕婦津貼」讓懷孕婦女在身體不適合工作的狀況下請假休養；「夫妻育嬰假」讓爸媽們有480天的時間可以在家照顧3歲以下的幼兒，其中390天領八成薪，剩餘的90天有每日津貼；「臨時照顧假」則是於家中12歲以下的兒童生病時使用。除此之外，1到5歲的托兒所、幼稚園學前教育和6到12歲學齡兒童的安親班都在政府教育當局的責任範圍之內。單親媽媽必須輪值夜班的話怎麼辦？沒問題，瑞典有全天候的托兒所。以上育嬰福利領養小孩或同居生子的人都適用。北歐完善的育兒福利讓人欣羨，不過這些好處也不是沒有代價的，繳稅的時候會心痛不已，呵呵！

奶爸推嬰兒車散步街頭

北歐的育嬰制度十分注重父親的參與。以瑞典為例，2016年起，480天的育嬰假中雙親都有90天固定不能移轉的配額，其餘的由夫妻自行分配，爸爸的額度一口氣上修了30天。瑞典朋友馬庫斯告訴我，瑞典知名兒童畫報《Bamse》的主角邦瑟熊就曾經樹立了父親的典範，在家帶他的3個熊寶寶。北歐的爸爸們不只是養家餬口的賺錢機器，他們早已放下了威嚴不可親近的父親形象，溫柔地介入各項家庭事務了。換尿布、幫小孩洗澡、洗衣服、做晚餐，都難不倒他們。畢竟家是夫妻兩個人共同經營的，小孩的成長只有一次，錯過了多可惜！

然而，理論與現實間還是有所差別。雖然男人請育嬰假的比例有增高的趨勢，但還有改善的空間。挪威保守黨曾提議減少爸爸配額，好讓家庭有更大的自由度自行分配，造成不少反對聲浪。

在北歐的街頭經常可以看到爸爸們推嬰兒車逛街散步，即使是在非假日的時候。鐵漢也可以有柔情的一面，我想很多女人應該跟我有同感，認為會做家事、帶小孩的男人才最帥，就讓我們叫它作「新男子氣概」吧！

更平等的兩性發展

真正的性別平等，不是一味地強調女性主義，而是追求兩性間的角色平衡。既然男人可以在家帶小孩，女人也應該要當兵！相關規定於2014年在挪威國會通過，使得挪威成為全北約(NATO)還有全歐洲第一個性別中立徵兵的國家，1997年和之後出生的女孩得去服役。

挪威大學一些男性比重高的工程科系有女性加重計分，近年來不少高等院校向教育當局申請實施部分科系男性加重計分。護理和幼教方面的男性員工比例過低，也是有關單位計畫改善的環節。北歐國家在這些方面的意識和做法，值得我們追蹤和學習。

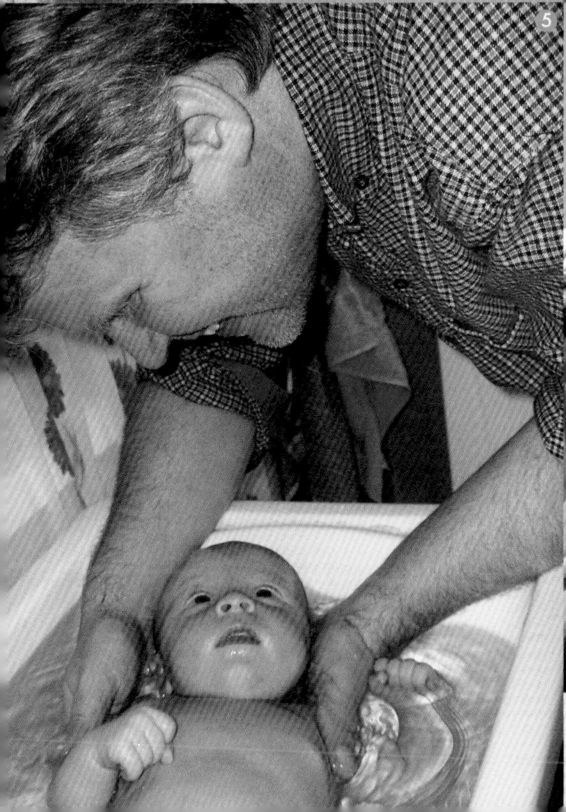

1 媽媽一旁放鬆，爸爸換尿布。
2 奧斯陸街頭《無懼的女孩》雕像，2018年三八婦女節慶祝女人。
3 瑞典一購物商場僅有不分男女的無性別廁所。
4 我冰島同學的女兒們，很愛黏著爸爸。
5 挪威爸爸幫北鼻洗澡。(L. Fevang提供)
6 做家事、帶小孩的「新男子氣概」。

北歐童書的啟示

北歐每個國家都有自己的童書代表作家：瑞典的林格倫、丹麥的安徒生、芬蘭的楊笙、挪威知名的魏婆婆，這些北歐的知名童話大師的著作裡，有激發小孩子想像力的天馬行空劇情，也放進了不少日常生活的價值觀。

❶ 瑞典童書《長襪皮皮》。
❷ 哥本哈根街頭的安徒生雕像。
❸ 依照安徒生童話故事中的《小美人魚》主角鑄造的雕像。
❹ 安徒生的手稿。

說到北歐的童畫故事，大家第一個想到的一定就是丹麥的安徒生。但除了這位世界知名的大師之外，北歐每個國家都有自己的童書代表作家，他們的故事裡當然有激發小孩子想像力的天馬行空，也放進了不少日常生活的價值觀。藉著童書的閱讀，我們可以更了解北歐社會的思維。

安徒生童話

安徒生(H.C. Andersen, 1805-1875) 是廣受世人景仰的兒童文學大師，他著有160餘篇的童話故事，被翻譯成140多種語言流傳於世，《小美人魚》、《醜小鴨變天鵝》、《國王的新衣》等都是他膾炙人口的經典之作，陪伴了無數小朋友的童年。

安徒生出生於丹麥一個鞋匠家庭，少年時期獨自離家到哥本哈根尋找機會，之後便在那裡落地生根。他的作品有洞察人性

的深度，不是每篇都以喜劇收場，《小美人魚》中的人魚公主為了追求愛情不惜冒著變成泡沫的危險，《賣火柴的小女孩》最後凍死街頭。不論結局如何，這些故事雋永的魅力無法擋，每讀一次總會給人一些新感受。

瑞典的《長襪皮皮》

林格倫(Astrid Lindgren, 1907-2002)筆下的長襪皮皮(Pippi Longstocking)是個不尋常的小女孩，她的媽媽早逝，船長爸爸在一次海難中與皮皮失散，於是她便一個人住，過著沒有人管教、無拘無束的日子，這讓她的鄰居湯米和安妮卡很羨慕。皮皮力大無窮，可以輕鬆地把她的馬舉到半空中，再加上她鬼靈精怪、樂觀勇敢的特質，是很多小讀者們心目中的偶像。

1941那年，林格倫7歲的女兒得了肺炎臥病在床，想聽故事。當時還是家庭主婦的她問女兒：「那妳想聽什麼故事呢？」女兒當場捏造了一個人物：「妳說長襪皮

芬蘭的Arabia出品的姆米杯碗，款式眾多，
許多北歐人都收藏使用。

皮的故事吧！」故事一開了頭就停不住，於是《長襪皮皮》成了世界知名的童書主角。書剛出版之際，有人覺得皮皮太野太另類，也有人覺得這正好為童書界吹來一陣清新的風。林格倫認為「安全」和「自由」是小孩的成長過程中的兩大要素。除了長襪皮皮系列之外，她還有不少其它的作品，詳情請見：www.astridlindgren.se

芬蘭的《姆米托魯》

楊笙(Tove Jansson, 1914-2001) 是姆米托魯和姆米谷的創造者。雖然姆米谷是一個神祕的虛擬世界，裡頭的成員們除了外表長相之外，言行跟你我並無不同，每個角色都有著鮮明的特質，無比貼近真實的人性。姆米系列剛開始雖然是以兒童為主要標的，但後來反而有點朝吸引成人讀者的奇幻文學發展了。

楊笙出生於一個藝術世家，姆米系列叢書的插圖和文字都是由她一手包辦。楊笙是芬蘭少數的瑞典族裔，她的母語是瑞典語，卻在芬蘭語的環境下成長，深切地體驗到人與人之間的差異。包容並接受異己，同時探索屬於個人的空間和自由，是楊笙在作品中想傳達的訊息。

芬蘭有姆米主題樂園(www.muumimaailma.fi/)和專屬的姆米博物館(www.tampere.fi/muumi/english/)，喜歡姆米的朋友不要錯過。

挪威人的童書婆婆

Anna-Cath. Vestly(1920-2008)是挪威知名的童書作家，也主持過廣播兒童節目，因為她的《森林裡的外婆和八個小孩》系列著作，媒體大眾也暱稱她「挪威人的外婆」。魏婆婆的故事大多是寫實

《森林裡的外婆和八個小孩》，封面和內頁的插畫是魏婆婆的先生畫的唷。(出版社Gyldendal提供)

《與眾不同的海盜幼稚園》是一本讓我印象深刻的童書。

的，描寫主角小朋友的生活、和他們周遭的人事物。她的第一本著作於1953年推出，此後她陸續以不同的小朋友為主角，寫出系列的故事。裡頭的事件一幕幕，大多是有趣的，可是也不全然，就像每個小朋友的日常生活一樣。她富想像力又不脫離現實的情節、和平實自然的筆調，贏得了挪威大小朋友的心。

魏婆婆的故事裡，也穿插了一些引發社會討論的議題：早在60年代，她書中就出現了身為職業婦女的媽媽，或當家庭主夫的爸爸。Guro的媽媽接下大樓管理員的工作。藉著童書寫作和每週六播出的廣播節目，她想要讓大家試著打破社會既有的呆板模式和性別偏見，故事的主角們當然會遇到不少困難和心情低潮，可是他們也都靠著自身的勇氣和旁人的幫助將之克服了，日子過得充實又滿足。學挪威文的時候，魏婆婆的書一度是我最愛的課外讀物呢！

《與眾不同的海盜幼稚園》

陪伴兒子成長的期間，我發現挪威為兒童這個族群的創作活動非常旺盛，舉凡圖書、音樂、戲劇、電視節目和電影，都隨時會推出品質精良的作品，內容淺顯卻不失深度，讓一起欣賞的爸媽也時常受益良多。

有一回我在書店看到一本《與眾不同的海盜幼稚園》的書，買回家才發現和海盜其實沒關係。這個幼稚園裡面好幾個與眾不同的小孩，讀者透過幼稚園一天的作息來認識他們的特殊需求。有白化症的容易曬傷、眼盲的過馬路需要牽引、有氣喘的不能運動過量、肢障的在戶外遊戲時坐輪椅、聽障的在說故事時間得讀唇語、食物過敏的必須另外準備特製點心、糖尿病的吃生日蛋糕前要先打胰島素。我非常喜歡這本童書，至今印象深刻，用小朋友熟悉的情境來介紹這些「不同」，實在是超酷的。

挪威家長校內校外的互動合作

北歐沒有隔代教養或寄宿學校這些選項，爸媽不加班、小孩也不上補習班。我認為由父母親力親為的陪伴培養出來的家庭凝聚力，是北歐國民素質和國家實力最紮實的根基。

有一年趁暑假回台時，我在台北講了一場題為《我在挪威養小孩》的講座，分享一些育兒十年的大小事。在挪威當媽媽很幸福，就算是全職工作的職業婦女，也有餘裕可以參與小孩成長中的各式活動。北歐沒有隔代教養或寄宿學校這些選項，爸媽不加班、小孩也不上補習班。我認為由父母親力親為的陪伴培養出來的家庭凝聚力，是北歐國民素質和國家實力最紮實的根基。

家長之間的橫向溝通

It takes a village to raise a child. 這句非洲諺語，某種程度說來在北歐也適用。北歐小孩課業不繁重，自由時間還挺多的，兒子從小就時常和他的好友們相互拜訪，還三不五時會在朋友家過夜。許多孩子好友的爸媽，多年下來也變成我們的朋

挪威爸媽並不專注於讓自己的小孩出類拔萃，而是透過協作共同打造讓一群小孩可以快樂成長的環境，我非常欣賞這樣的思維。

友。在北歐養小孩其實也是社交。

家長之間如果能遵循一致的原則，更能為孩子們打造更穩定和諧的成長環境。挪威小孩從大約3、4歲起，就會請同學朋友參加他們的生日會。幼稚園或小學這時會建議，如果孩子要把邀請函帶到學校分發，那就必須邀請班上所有人，或班上所有的男孩或女孩。這個做法是避免有人受排擠而感到心理不適。幾年前參加低年級家長會時，老師也鼓勵班級多舉辦共同家庭活動：「家長間的橫向溝通做得好，對孩子們在學校的學習表現有正面的影響。」

家長代表會是重要的對話平台

兒子上小學之前，所屬學區的學校整修完畢應該重新啟用，但我們卻收到另一個學校的入學通知，這讓許多學區內的家長不解。於是我們邀請一些不同黨派的市議員來對話，看能不能協商出一個解決之道。最後，原本的學校還是沒有開放，兒子得上一所離家比較遠的小學，但他很喜歡那所學校。挪威人對類似公眾議題的參與度還蠻高的，當年我也因為代表家長參與協商上了一次地方報紙。

學校的家長代表會(FAU)是一個重要機制，學校有事發生，一般由家長代表會出面和學校合作，處理不同的事宜或舉辦不同的聯誼活動。我曾當過一次年級家長代表，家長代表會每個月集會一次，校方也會派代表參加，看各年級有沒有特別需要注意或可以改善的事項。學校每學期會開一次家長大會，除了校務事項，也會有一些小型講座，反霸凌、健康日常飲食等都是熱門主題。怪獸家長這個現象在挪威我未曾聽聞，這裡講求的是對話和合作的夥伴關係。

小孩的社團家長當義工

上小學之後，兒子的課外活動多了起來。挪威大部分兒童和青少年專屬的運動俱樂部都是由家長負責組織運作的，除了理事職務之外，每次一辦活動，家長們得輪流當義工，負責不同的工作項目，有人為比賽計分，有人烤蛋糕義賣為俱樂部籌經費。

兒子手球隊的3個教練都是其他隊員的爸爸或媽媽。我也曾經為兒子的弦樂團擔任過兩年的理事長，處理會員管理和經費的申請與呈報等各項業務。這些工作當然都是無給職，沒有家長們的熱心投入，挪威社會就無法像現在這樣蓬勃發展。

各式各樣的義賣

在挪威住了這麼多年，我從鄰居或同事那裡買過各式各樣的義賣商品，舉凡衛生紙、蠟燭、餅乾、卡片、壁爐火種都有。為了不拉大社會階級差異，挪威社會一般採取共同募款的方式籌措兒童和青少年校外活動的經費。每當有樂團表演活動或運動比賽，都會由不同的俱樂部輪流販賣點心飲料，此外義買也是常見的收入管道。

我跟老公聊起此事時，他說他小時候公婆也曾為了他的童軍團去發過不少電話簿，原來這件事到現在都還沒退流行！家長們積極參與小孩的課外活動，不是只有付費和接送而已，這樣的模式肯定也有促進親子關係和凝聚社會的功效。挪威爸媽並不專注於讓自己的小孩出類拔萃，而是透過協作共同打造讓一群小孩可以快樂成長的環境，我非常欣賞這樣的思維。

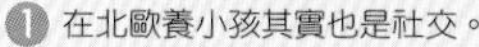

❶ 在北歐養小孩其實也是社交。
❷ 滑雪俱樂部的義工家長，準備幫孩子們上課的集訓。
❸ 弦樂團的運作也由家長負責。
❹ 樂團表演活動時的點心義賣。
❺ 手球隊的教練由家長擔任。
❻ 「我們攜手共同邁向成功」，挪威小學生的集體創作。

獨立不依賴的北歐家庭觀

中國人十分注重倫理，相較之下，西方社會的家庭關係似乎顯得比較淡薄沒有人情味，兩者之間在個人與家人的關係比重上的確有所差異。可是深入北歐生活卻發現，保持一些距離其實也不是壞事，每個人有自己行事的自由，比較不容易起摩擦。

《禮運大同篇》裡，古人道出了「天下為公」的理想：「故人不獨親其親，不獨子其子；使老有所終，壯有所用，幼有所長，矜、寡、孤、獨、廢疾者皆有所養……」1930年代瑞典由社會民主黨執政，首相Per Albin Hansson也提出了「人民之家」(瑞：folkhem)的願景。靠著高稅收和廉潔能幹的政府，北歐的福利社會被建構出來，百姓們的生活從搖籃到墳墓，都受到照顧。

中國人十分注重倫理，相較之下，西方社會的家庭關係似乎顯得比較淡薄沒有人情味。可是深入北歐生活之後我卻發覺，保持一些距離其實也不是壞事，每個人有自己行事的自由，比較不容易起摩擦。福利制度的照顧讓親屬之間的關係少了義務牽絆，使親情更為純粹。

> 在挪威當媳婦似乎沒有傳宗接代的壓力，生兒育女是兩夫妻自己的事，上一代的人不太會干預。

幼兒吃飯穿衣自己來

生活的獨立性是從小開始養成的。即使是剛滿週歲的小孩也是坐在自己的椅子上自己吃飯，用手抓食或用勺子吃，就算沾得到處都是，有時候灑出來的比吃進去的多，爸媽還是不會過度介入。

在幼稚園也是一樣。小孩穿衣穿鞋的時候，即使穿得很慢，一旁的大人也會耐心等待。育嬰假結束之後，北歐爸媽就把小孩送到幼稚園，小孩從小就過團體生活，自然必須早點習慣自己完成自己的事。

高中畢業經濟獨立

北歐的小孩大多高中畢業之後就慢慢搬離家求學、經濟獨立了，北歐的大學不用繳學費，生活費則是用國家主辦的助學貸款來支付，不用靠父母掏腰包。希望自己的手頭能寬裕一點的大學生，則會利用暑假的時間打工賺零用錢，很多旅遊景點的服務解說員或青年旅館的櫃檯接待就都是在學的學生。暑期打工在北歐非常熱門，晚了一步還怕找不到缺呢。

北歐人很少會在朋友親屬間借錢調頭寸，需要錢大多直接找銀行貸款。我們首次購屋的時候，老公卻向公婆借了一筆錢，不過他的論點是：「同樣要付利息，不如付給自家人來的好。」跟公婆借的頭期款讓我們在銀行那裡享有比較低的貸款利率，而公婆從我們這裡收的利息也比一般存款戶來的高，可以說是兩兆雙贏。我們還有朋友連二手車都是跟爸爸買的。就算是至親之間，錢的事情透明清楚比較不會鬧得不愉快。

婆媳問題？

我和老公結婚4年才生小孩，期間公婆從來沒有和我關切過他們何時可以抱孫。在挪威當媳婦沒有傳宗接代的壓力，生兒育女是兩夫妻自己的事，長輩和旁人不太會干預。北歐的婆媳關係比較像朋友，我們夫婦平常不跟公婆住在一起，偶爾去拜訪他們的時候，晚飯經常是婆婆下廚，吃完飯公公搶著去洗碗，因為我們是去「作客」的。

就算離了婚很多人和前任伴侶也能保持像老朋友一樣的關係，許多離異的夫妻或同居人會共同撫養小孩，見面的機會很多。偶爾互相拜訪，生活有需要時互相幫助，務實而不避嫌。

老人選擇獨居

老公的奶奶享年90歲，離世前她長年一個人住。奶奶一共有4個兒女，其中3個住得離她不算遠，我曾問起她搬去同住的可能性，她還是喜歡獨居。奶奶的笑容開朗又慈祥，她說：「跟兒女住在一起，讓我們兩方的生活都受到限制，身體狀況許可的情況下，我喜歡一個人安安靜靜地過我的日子，但偶爾跟大家聚在一起熱鬧一下，也很開心。」好幾次家庭聚會的時候，奶奶總是跟年輕人一起待到半夜才離開。

北歐的制度把老人安養視作社會的責任，而不是由個別家庭負責。不管是進安養中心或讓居家看護上門照料，北歐的老年人不必擔心病死無人聞問，享有平等的福利。只要有獨立生活的意願，身心障礙人士也可以在政府的照顧下獨自生活，不用麻煩家人。不過人到了暮年，最窩心的應該還是時常有家人在一旁噓寒問暖吧。人可以在很多方面選擇獨立行事，但親情可以給人的慰藉，還是很多東西不能取代的。

❶ 瑞典隆德大學的學生活動。

❷ 北歐小朋友從小就習慣自己用餐。

❸ 老公的奶奶喜歡獨居，過清靜的日子。

❹ 大學生常會找份暑期工賺零用錢。

北歐人愛上圖書館

北歐人愛讀書，每次搭飛機火車都不難發現有人抱著一本厚厚的書在讀。有些在台灣的朋友都告訴我，他們的生活總是忙得喘不過氣來，閱讀似乎變成一種奢侈。再者，很多人都把讀書跟考試升學連結在一起，離開學校之後，就很少再碰書本了。其實，養成良好的閱讀習慣，跟知識做朋友，真的一輩子都受用。

圖書館可以說是北歐最重要的社會資源之一，公立圖書館不僅密度高，還提供跨館借閱、流動圖書車船等便民服務，圖書館的人潮川流不息，各個年齡階層都有。小朋友的童書區通常布置得明亮溫馨，讓親子在此共享讀書之樂；書架上也可以找到不少外語的圖書資料，供移民借閱。

我剛搬來挪威開始上初級挪威文課程時，老師找了一天帶學生們到特隆赫姆市立圖書館參觀辦證，之後我便成了那裡的常客。除了各式書籍之外，圖書館也有豐富的影音館藏可以借回家。近年來市圖各館進一步推出各式各樣的服務，民眾們可以借種子、DIY修繕工具和載貨的電動自行車等，更將圖書館拓展成一個綠色生活平台。

有些在台灣的朋友都告訴我，他們的生活總是忙得喘不過氣來，閱讀似乎變成一種奢侈。再者，很多人都把讀書跟考試升學連結在一起，離開學校之後，就很少再碰書本了。其實，養成良好的閱讀習慣，跟知識做朋友，真的一輩子都受用。

> 芬蘭是北歐國家中第一個制定圖書館法案的，早在1928年。芬蘭人的借閱次數也是世界最高。

芬蘭人的文化大客廳

慶祝芬蘭獨立百年，赫爾新基的Oodi(頌歌)中央圖書館於2017年12月隆重開幕，這座新的國家級文化大客廳裡外都很有看頭。建築流線型的結構以芬蘭的雲杉覆蓋，給人溫暖的感覺。裡面除了圖書之外，二樓更有電影院、音樂和影片製作工作室、3D列印機和雷射切割機，讓大眾免費使用。

芬蘭的教育曾在國際經濟合作發展組織(OECD)所舉辦的PISA評比中大放異彩。這讓世界各地的教育界人士好奇不已，紛紛到芬蘭觀摩取經。這樣的成就，社會整體在閱讀方面的耕耘絕對功不可沒，芬蘭早在1928年就制定了圖書館法案(Library Act)，是北歐國家中第一個。所謂的「資訊社會」不是電腦多、網路普及就算數，良好的閱讀習慣才是根基。芬蘭總人口是550萬人，一年的借書量是6,800萬本。2016年的一份全球性報告，芬蘭被評選為世界上「最有文化的國家」，緊接著的2～5名是北歐的挪威冰島丹麥瑞典。

之前因為工作的關係，我曾數次隨著挪威地方政府的圖書館公車下鄉，這是提供偏遠地區居民的服務，每4個星期左右車子會重複去巡迴一次。在挪威各地的一些小鎮，公共圖書館暨文化中心常是當地最漂亮大方的建築，這是北歐的文化建設思維無誤。

北歐犯罪小說驚豔世界

北歐的犯罪小說和影集這些年來風靡國際。史迪格．拉森的千禧年三部曲成了全球的出版奇蹟，《龍紋身的女孩》是有史以來賣得最快也最暢銷的瑞典小說，可惜作者無緣看到自己的3本小說出版就離開人世。

「北歐犯罪小說天王」尤．奈斯博是挪威史上最暢銷的作家，每一部作品都是挪威排

1 特隆赫姆的市立圖書館，我常去的地方。
2 越南文圖書。台灣有越來越多的越南移民，是不是也可以參考這個作法？
3 我曾經數次跟著圖書館公車下鄉。
4 報架上有世界各國的報紙。
5 圖書館精采的東西不少，等著民眾去發掘。
6 路邊可愛的免費圖書館。

行榜冠軍級暢銷書。他獲獎無數，作品被翻譯成40種語言，在50多個國家出版。奈斯博其實是個多才多藝的人，曾是挪威知名的搖滾樂手，還任職過金融證券業。奈斯博的讀者族群廣泛，受到英美犯罪小說名家一致擁戴，德國《明鏡日報》則稱他是「斯堪地那維亞的奇蹟」。

挪威人喜歡在復活節期間讀犯罪小說(påskekrim)，復活節之前連牛奶盒都會應景地印上一些推理小品讓大人小孩動動腦，蠻有意思的。

冰島人的出版業極旺

冰島人有句話：「寧可赤足，也不能無書。」文字、語言和書寫，在冰島的社會中有著崇高的地位。當北歐鄰國的語言不斷演進，冰島人說的還是維京人的語言，一種古挪威語。為了保持語言的純淨度，冰島語不隨便接收外來字，有需要的時候便根據字義創造新詞或賦予舊詞新義。例如，「電話」的冰島語與telephone毫無關係，而是simi，這個字原本有「纜線」的意思。

薩迦史詩(saga)是冰島著名的古典文學形式，從中古世紀流傳下來，內容主要是英雄冒險故事和家族傳奇。拜其語言保存之賜，薩迦在今日的冰島還是人人可讀。此外，詩仍然是冰島人最愛的寫作形式，他們的作家和詩人密度肯定是居世界之冠，冰島平均每人出版的圖書也是世界最多。平均每10個冰島人裡就有一個人出過書或即將出書。大家或許沒想到，在世界的邊陲，竟然有這樣的文化之邦吧？

◆北歐圖書檢索系統網址：

丹麥 www.bibliotek.dk

瑞典 www.libris.kb.se

芬蘭 www.libraries.fi

BIBLIOTEK
Vietnamesisk
NUtid
LITTLE FREE LIBRARY
DET LILLE FOLKEBIBLIOTEK
BARFOTA
1
2
3
4
5
6

PART SIX

RECREATION

北　歐　人　的　樂

工作與生活之間的平衡

工作的意義何在？對絕大多數的挪威人來說，不是升官發財。許多挪威人是月光族甚至貸款族，社會福利讓他們不必擔心老年生活。挪威人似乎更在意家庭及生活品質，但這並不代表他們不認真工作。

1 生活美好與否，有國際量化的指標。
2 北歐人下班後活動不少，天氣好的時候可以駕船出海。
3 工作、家庭和休閒這3個生活要素要能保持平衡。

「你的生活美好嗎？」這個問題的答案貌似是主觀認定的，不過經濟合作暨發展組織(OECD)還是試著量化評比。首份「美好生活指數」報告於2011年發表，內容涵蓋住房、收入、工作、社群、教育、環境、政府治理、健康、生活滿意度、薪資、工作生活平衡11個面向。2017年38個國家中生活最美好是挪威，丹麥第二，北歐其他國家都在前十名之內。

工作的意義何在？對絕大多數的挪威人來說，不是升官發財。許多挪威人是月光族甚至貸款族，社會福利讓他們不必擔心老年生活。在書店裡幾乎看不到投資理財或成功學叢書，最暢銷的是居家生活類的書籍雜誌或偵探小說。挪威人似乎更在意家庭及生活品質，但這並不代表他們不認真工作。

開心工作到退休

根據經濟合作暨發展組織2017年的統計數據，挪威人一年工作1421小時。挪威上班族平均下班時間是下午4點，交通的巔峰時間也差不多就在這前後，晚上7點左右城市裡已經顯得冷清了。幼稚園四點半關門，在這之前爸媽必須把小孩接回家。北歐的社會共識是讓父母可以兼顧工作和家庭。

許多台灣人努力工作的動機之一是希望能早點退休，我很少聽說挪威人以此為目標。挪威一般的退休年齡是67歲，可以提早到62歲，但退休金會因此調整。公務員滿60歲之後每年會多一週的休假。如果不用過度加班、每年有五週的假期、退休後有退休金可領，那麼工作可以更從容地成為生活中的一部分，不必咬緊牙關。

工會是重要的社會機制

除了國家的政策方針，北歐職場許多權利其實是爭取而來的。北歐的工會體系健全，大部分的雇員都加入各式工會組織，每年由工會代表其會員進行薪資和福利談判，談判如果無法達成共識，可能立即引發大規模的罷工，舉凡老師、護士、卡車司機、空服人員等各行各業都有可能。然而社會大眾對罷工造成的不便普遍有很高的忍受度，這可以說是維持社會運行模式的必要之惡，對北歐人來說，勞資權力不均也許還更可怕一些。

失衡的職業倦怠症

北歐有完善的社會福利和勞工權益，讓人們能兼顧工作、家庭和休閒這3個生活要素，但偶爾還是會發生失衡的狀況。在挪威工作多年，我身旁曾經出現過幾個burnout的例子，這是一種感到自己燃燒竭盡的職業倦怠症，挪威文也有一種說法是「撞牆了」。不少人因此可以請病假休息一段時間，等身心恢復重拾動力了再繼續工作。

台灣人工作時間超長，卻幾乎沒聽說有人因為burnout的症頭請病假，難道北歐人這麼不耐操嗎？這個問題挺耐人尋味的。生活的壓力來自四面八方，有時是自我期許過高、有時是身不由己。有可以休息換檔的可能，也應該是建構美好生活的要素之一吧。

北歐人享受滑雪樂趣

在北歐，白雪是冬天不可或缺的元素，各式各樣的冰雪運動在這裡蓬勃發展。起源於芬蘭的北歐健走，也是受到越野滑雪訓練方式的啟發，能加強上半身運動效果，適合推薦給台灣的朋友。

越野滑雪是挪威人的冬日文化。

雪對亞熱帶的台灣人而言是陌生的。然而在北歐，白雪是冬天不可或缺的元素，各式各樣的冰雪運動在這裡蓬勃發展。我在挪威文化作家Odd Børretzen的書中讀到：「古時候，直到幾年前，挪威人習慣上是腳踏滑雪板出生的。」挪威地形多山又不乏降雪量，滑雪毫不諱言地是挪威人冬季的全民運動，很多小朋友路都還沒走穩就開始滑起雪來了。

人口不到530萬的小國挪威2018年在韓國平昌冬季奧運成了舉世矚目的焦點，以總獎牌數39面(14金14銀11銅)的成績在各參賽國中排名第一。挪威在歷屆冬奧會獲得329面的獎牌總數也是世界第一。小國挪威讓德國美國等大國望其項背，鄰國瑞典更是既羨慕又忌妒。

Step by step

認識滑雪種類

1

下坡滑雪(Alpine skiing)：

台灣人一般比較熟知的是下坡滑雪，人們先搭乘滑雪場的運輸設施上山，然後從高處往下滑。下坡滑雪的雪板和雪靴之間完全接和，轉彎和煞車時操控較容易。

2

越野滑雪(cross-country skiing)：

挪威最普遍的則非越野滑雪莫屬了。越野滑雪的雪板和雪鞋之間只有腳趾前方一個接著點，操控不易，但顧名思義，這種運動就是站在雪板上行走，上上下下，要多遠有多遠。

(M. Raanes提供)

3

滑雪板(snowboard)：

近年來滑雪板也受到不少人的青睞，尤其是年輕人。兩隻腳就像街頭滑板一樣，同時固定在一個大雪板上，沒有雪杖，全靠平衡感。

(Suomen Latu ry, A. Aaltonen提供)

4

雪地健走(snow walking)：

雪地健走在芬蘭很受歡迎。

5

北歐健走(Nordic walking)：

1997年起源於芬蘭的北歐健走也是受到越野滑雪訓練方式的啟發，走路的時候搭配兩隻輕杖，據說可以加強上半身的運動效果，燃燒更多熱量。

(S. Mattsson提供)

6

長程溜冰(long-distance ice skating)：

瑞典人則喜歡在結了冰的湖上長程溜冰，這種溜冰鞋比較長，也有兩隻手杖幫助平衡或加速。

(M. Raanes提供)

7

旱地滑輪滑雪(rollerskis)：

夏天沒有雪滑，不過滑雪的愛好者也不會因此中斷了訓練，挪威鄉間的山路上偶爾會看到路旁有人努力不懈地用滑輪往上坡滑。

❶ Skiglede mellom OL-slagene

瓦薩滑雪節

瓦薩滑雪節(Vasaloppet)是瑞典的年度越野滑雪盛事，每年3月的第一個星期天，來自世界各地的滑雪高手齊聚在瑞典中部的達拉納地區挑戰90公里長的賽程，從Sälen一路滑到Mora，如果嫌90公里太長的話，為期將近10天的滑雪節期間也有一些距離較短的項目，詳情請見：www.vasaloppet.se

瓦薩滑雪節其實有其歷史意義，16世紀時古斯塔夫・瓦薩(Gustav Vasa)在當上瑞典國王之前曾經為了反抗丹麥的統治，自己滑過這一段艱辛的路。為了紀念先人的偉大，瓦薩滑雪節從1922年開始舉辦至今，總參賽者人數已經擴大到6萬多人的規模，主要賽事當天有幾百萬的瑞典人會在電視機前收看轉播。

滑雪跌倒，上報！

2006冬季奧運開幕後的週日，雪霽天晴朗，我跟老公決定去城郊的越野滑雪區一探究竟。那天的停車場幾乎客滿，很多人攜家帶眷，背著小孩又牽著狗，好一幅美好的冬日生活圖象。當時我的滑雪技術實在欠佳，人多讓我緊張，不過最後還是硬著頭皮上了。我們先順著雪道往上滑，滑了一陣之後準備回頭，當我鼓足勇氣開始往下滑沒多久，就跌了一跤。站起來之後，老公又趁機指導了我一番：「下坡的時候要記得雙腳一前一後，這樣比較穩，膝蓋要稍微彎曲。」

一旁有個中年婦女饒有興致地觀察著，然後對我說：「我是Adresseavisen(中挪威大報)的記者，可以為妳拍幾張照片嗎？」有上報的機會，即使是糗事，也不能輕易放過。我大方地答應了她，然後一段訪問就在雪道的一旁展開。

❶ 我因為滑雪跌倒，上了報。
❷ 挪威多山，有各式的滑雪場地。
❸ 我兒子第一次嘗試下坡滑雪，不到3歲。
❹ 婆婆老家附近的下坡滑雪場，可遠眺峽灣風光。

第二天早上我翻開報紙一看，我們果然上報了！看來挪威人對外籍人士努力學滑雪這件事真的很感興趣。這麼多年下來，我滑雪的技術還是沒有多大的長進，不過足以感到安慰的是，我的兒子似乎遺傳到他老爸的滑雪基因，還挺厲害的。

北歐人包機追逐陽光

包機旅遊可以說是北歐最普遍的旅遊模式。其風行的原因有二：北歐的冬天寒冷黑暗又漫長，夏天的天氣也不穩定，這使得南國的艷陽天格外誘人；再者是北歐的高物價，拿北歐的薪水到南邊去度假，著實快活。

幾百年前，維京人用設計精良的船隻橫行海上，東西南北四處征討，立下了驍勇善戰的名聲。時至今日，斯堪地納維亞地區這些海盜的後代子民早已褪去祖先好勇鬥狠的形象，認真地擁抱和平了。然而維京人對這個世界的好奇心和喜歡冒險的天性，應該還是在北歐人的血液中流動的，讓他們對旅行這件事特別熱衷。只不過這會兒北歐人出遠門已經不是為了奪取金銀財寶，而是去「南方」親近充滿熱力的陽光。

包機旅遊的模式起源於英國，於1960年代起漸漸普及擴張，量化的操作可以把價錢壓低，進一步擴大客源。瑞典影史上最受歡迎的電影之一《S llskapsresan》(1980)就是一部關於包機旅客到加那利群島旅遊的搞笑片。北歐包機旅遊的比例比歐洲其他國家都來的高，如此風行的原因有二：第一當然是氣候，北歐的冬天寒冷

包機行程的目錄，裡頭的相關資訊一清二楚。(Ving提供)

黑暗又漫長，夏天的天氣也不穩定，這使得南國的豔陽天格外誘人；第二則是北歐的高物價，拿北歐的薪水到南邊去度假，著實快活多了！

公開透明的包機行程

包機旅遊一般包含了機票跟住宿，其他的部分則自行安排，需要的話，旅行社也提供一些套裝服務供客人在當地購買。包機旅遊的行程一般有夏冬兩季之分，景點的選擇有所不同。夏季的目的地以地中海沿岸為主，希臘和土耳其很熱門，冬天則以西班牙的加那利群島和長程線的泰國最受歡迎。我的瑞典同學潔西卡有一年年底從非洲的甘比亞寄了張明信片給我，她就是和男友趁耶誕假期去那裡包機旅遊的。旅行社為了滿足市場需求會不斷開發一些新的選項，瑞典主要包機旅行社之一Ving目前就有50個國家400個不同的旅遊點供人選擇。

包機旅遊的行程目錄，關於飯店等級、出發日期及價目表等資訊寫得一清二楚，方便消費者作選擇。停留時間通常以週數計，歐洲和北非的短程點可以選擇停留1或2個星期，長程點可以更久些。時間比較有彈性的人，購買last-minute的行程可享不少價格優惠。

休閒放鬆曬太陽

我們以前的鄰居蘇懷是個中年婦女，已經有十來次的包機旅遊經驗了。當我問起包機旅遊究竟有什麼樣的魅力如此吸引她時，她毫不考慮便回答說：「就是陽光和溫暖！」大部分的日子，她會先在陽台上吃個悠閒的早餐，讓海風輕拂面頰，然後就是躺在海灘上盡情地曬太陽。

> 陽光、海灘和游泳池是北歐人包機旅遊中最重要的元素，玩回來的人一定得曬黑才能跟大家交代。

不想成天玩水曬太陽的人，當然可以安排一些當地文化或自然環境的體驗，或是租一台車到處逛逛。旅行社通常會在客人們抵達的第二天辦個說明會，幫大家進入情況。當夜幕降臨時，找間好的餐廳享受當地的美酒佳肴，也是很值得期待的事。

消費者的喜好在變

包機旅行最主要的客源就是有小小孩的家庭和退休人士。幾年前公公70歲生日，復活節期間他請全家六大四小去西班牙包機度假一週，那是我的第一次、也是唯一的一次。當年我一個人去古巴自助旅行的時候，去包機旅遊重鎮Varadero玩了幾天，觀察了一下，沙灘邊一間接著一間的酒店，跟古巴其他地方的氛圍實在是大相逕庭。每個人的喜好不同，旅行時我喜歡體驗當地的風土民情，包機的旅遊點和集體模式總是和當地文化有一些隔閡。有一篇文章如是分析，長期看來包機旅遊的成長瓶頸在於遊客的選擇越趨個人化和特製化，相形之下包機假期的陽光沙灘模式過於膚淺。

在旅遊習慣這一環，北歐和台灣的民情頗不相同。北歐人一年有五週的支薪假期，花幾個星期躺在海灘上並不算奢侈，對很多北歐人而言，這種玩法是最好的充電方式；台灣人怕曬黑，然後不少人可能覺得出國就是躺在海灘上太浪費時間，應該多逛幾個景點才划算。不管大家偏好什麼樣的旅行方式，在北歐這麼多年住下來，北歐人追逐陽光的心理需求，我完全可以了解啊。

1 有小朋友的家庭，很適合包機旅遊。(Ving提供)
2 陽光和海灘，是包機旅遊不可或缺的元素。
3 一杯咖啡外加一杯鮮橙汁，就這麼坐個一下午。
4 5 包機行程飯店的游泳池畔。
6 陽光假期是小朋友學游泳的好時機。

北歐人熱愛釣魚與打獵

古時候的人必須賴以維生，如今釣魚與打獵則演變成了一種休閒型態。北歐的釣客和獵人普遍都了解永續與平衡的必要性，他們不會過度捕殺。反之，親近自然讓他們更加愛護自然。

芬蘭Saimma湖裡釣上的魚。

自古以來，北歐人便藉著漁獵活動享受大自然裡豐沛物產資源，許多人更是賴以維生，如今釣魚與打獵則演變成了一種休閒型態。這裡的釣客和獵人普遍都了解永續與平衡的必要性，他們不會過度捕殺。反之，親近自然讓他們更加愛護自然，大部分的相關協會組織都投入不少精力在自然保育的工作上，這是一個重要的前提。北歐釣客獵人習慣上會把魚和肉的部分作為食材，皮毛的部分作為保暖的衣料，善加利用捕獲到的資源。

從事釣魚與打獵，從準備各式裝備到實地演練的學問都不小。在自然環境中，釣客獵人必須先仔細觀察水相和地形，動腦作判斷，接著便是耐心地等待時機。我的瑞典同學烏爾夫很喜歡釣魚，魚兒上鉤時腎上腺激增的快感讓他樂此不疲，不過除了實力之外，當然還是要靠運氣幫忙才能釣上大魚的。

挪威全國有54%的人口從事釣魚活動，11到16歲的男孩比例更高達94%！而冬天結冰的湖，正是冰釣愛好者大顯身手的地方。

瑞典同學烏爾夫的三條鱸魚。(U. Nilsson提供)

湖釣溪釣海釣，冰釣！

以「千湖國」著稱的芬蘭全國上下有數十萬個大大小小的湖，就連鄰國瑞典的國土面積也有9%被湖泊所覆蓋。再加上眾多河川和漫長的海岸線，各式的釣魚活動在北歐蓬勃發展。喜歡釣魚的人來到北歐，一定不會失望。

夏天放暑假的時候是釣魚的旺季，幾乎每天地方報紙都有相關報導，看誰釣到大魚。挪威獵釣協會(NJFF)曾經做過統計，挪威全國有54%的人口從事釣魚活動，11～16歲的男孩比例更高達94%。某日下午我跟老公的姐夫到峽灣邊釣魚，2個小時釣到3條，帶回家讓婆婆煮成新鮮的魚湯當晚餐，很有意思。

鱈魚和鱒魚是挪威最普遍的釣魚魚種，不過鮭魚還是很多人的最愛。挪威全國各地有不少鮭魚河，每年鮭魚迴游產卵的季節吸引不少來自各地的釣手到此一試。

冬天結冰的湖，正是冰釣愛好者大顯身手的地方。首先他們必須先以手動的工具在冰上鑿個洞，然後放線下餌。保暖是非常重要的事項，在零下好幾度的氣溫坐著不動，衣服沒穿夠的話人都要變成冰棒了。

付費釣魚執照

想到挪威釣鮭魚，海鱒魚或北極紅點鮭，必須向環境署支付釣魚費(fiskeravgift.miljodirektoratet.no)，釣其他的魚種則不用向公家繳錢。除此之外海釣免費，淡水水域的魚權屬地主所有，釣客必須付費才能享受，釣魚執照(挪：fiskekort)在當地的旅遊局、運動用品店、露營區、或是加油站可以買到，時效上通常有日票週票、季票之分。

成為獵人的資格

想要在北歐從事打獵活動的人必須先接受教育訓練，學習武器使用、野外安全和獵人道德等相關知識，結業時通過筆試，及格了才能持有獵人執照。如果想狩獵大型野生動物的話，還得通過嚴格的射擊測試，這是為了使動物們臨終前的痛苦降到最低，獵鹿時一般都是要求一槍命中要害的。

艾文是中挪威一個經驗豐富的獵人兼講師，我從他那裡學到不少。秋天在北歐是打獵的旺季，從大型的麋鹿到體型較小的馴鹿，還有一些鳥禽、狐狸和野兔等，都是獵人們的標的。此外每個國家還有自己特殊的物種，像瑞典的野豬和熊，在挪威就算少見。

以大型的麋鹿為例，各地區的主管單位會依當地鹿隻數量訂出一個狩獵限額供獵人獵捕。獵人在選擇獵物時，會注意到鹿隻的性別和年齡，以平衡鹿群生態，每一隻捕獲的獵物都必須向主管單位登記。獵人在野外活動時，也會將舉目所及的鹿隻數量作個紀錄向上呈報，以供研究者估算物種的現存數量。所以說，獵人在北歐的自然保育中是扮演積極參與的角色的。

以人口總數作分母，北歐國家的獵人密度在歐洲幾乎僅次於愛爾蘭。歐洲獵人協會的執行長在一篇專訪中如是說：「在北歐，打獵是深根於社會的活動，獵人們普遍受到民眾的尊重。打獵與野生動物的保育和管理並不脫節。獵物的肉可以是高品質的食材。北歐獵人有很多值得我們借鏡的地方。」

1 秋天是打獵的旺季。(E. Nordgaard提供)

2 鹿，是很多北歐獵人的主要獵物。

3 獵人的戰利品。(E. Nordgaard提供)

4 挪威Namse河的鮭魚不少。(J. Jensen提供)

5 6 男孩愛釣魚。

❶ 人們在五月柱下跳傳統舞。(Rättvik提供)
❷ 挪威人喜歡在復活節和家人上山滑雪。
❸ 仲夏節的盛宴，桌上少不了aquavit。(J. Grilling提供)

重視四季節慶的北歐人

北歐人的生活是跟著四季律動的，瑞典人更說他們慶祝的是季節的更迭。不同的時節都有不同的儀式慶祝，大家趁此凝聚情感。

Semle是瑞典人復活節前吃的點心。

「萬物在春天甦醒；夏天花開；秋天果結；然而卻是在冬天，我才真正體會到生命。」這是挪威朋友蓮娜作的一首的小詩，題為「四季」。親身經歷過北歐分明的季節變化之後，這些字句真的教人感動。

北歐人的生活是跟著四季律動的，瑞典人更說他們慶祝的是季節的更迭。雖然說今日的復活節和聖誕節都具有濃厚的宗教色彩，但這兩個西方最重要的節日恰好就落在春分和冬至的附近，早在傳教士來到北歐之前，人們就有慶祝春天富饒多產的女神和冬至過後日照開始變長的習慣了呢。

春天復活

3月裡北國時序入春，商店裡布置起亮麗的鮮黃色，提醒人們復活節即將來臨。復活節是西方少數的浮動節日，其日期並不固定。復活週日(Easter Sunday)是在春分

(3月21日，晝夜平分點)後第一個滿月後的那個週日，可能落在3月底和4月底之間的某一天。

挪威人的復活節假期長達5天，從復活週日前的星期四放到星期一。基督教雖然是挪威的國教，但常上教堂的人並不多，5天的復活節假期對他們而言其實比較像春假，很多人選擇跟家人到山上的小屋住幾天，趕在白雪融化之前好好滑個雪。

3、4月間，北國大地正復活，人也好像從一場長眠中漸漸甦醒。4月30日在瑞典是篝火節(Valborg)，篝火在全國各地熊熊地燒，鄉下人利用這個機會處理掉一些冬日裡積下來的枯枝廢物，城市人則藉此振奮精神，很有除舊布新的意味。

仲夏夜之夢

夏天一到，平時拘謹的北歐人紛紛亢奮了起來。夏天是北歐最美好的季節，日照時間長，北極圈裡可以看得到午夜的太陽，也罕有讓人發暈的酷熱。仲夏節(Midsummer Day)其實是6月24日那一天，不過瑞典人將之移到最靠近的星期六，以方便用整個週末舉行慶祝活動。

當年自助旅行，我到瑞典中部的達拉納省參加了一次仲夏夜慶典，儀式中，人們先在一個空曠的草地上豎起五月柱(maypole)，據說這是從德國傳過來的習俗，然後有身穿傳統服飾的男女，圍著綠柱跳舞。仲夏夜也是辦露天派對的好日子，用最新鮮的食材搭配燒烤，然後大夥兒開懷暢飲，記得那天路上喝到爛醉的人真不少！

傳說中的仲夏夜是個關於愛情的神奇時刻。年輕女孩們那天晚上睡前如果摘7種野花放在枕頭底下，未來的丈夫就會在夢裡出現喔。

北歐夏季有許多各式的文化節慶活動。特隆赫姆這裡最知名的就是7月底8月初的烏拉夫節慶日。

入秋的豐收

8月初，夏天進入尾聲，瑞典人有個螯蝦(crayfish)派對，鮮紅的小龍蝦顏色十分搶眼，吃的時候不免要一反餐桌禮儀動手剝殼，吮指回味樂無窮。飲品方面當然也少不了北歐特產的aquavit香料酒。

除此之外，北歐的秋天裡幾乎沒有什麼大型的慶祝活動，或許在農業社會的傳統中，秋天本來就屬於收成和農忙的日子。再者，人們專心忙於工作也比較不會因為週遭的白晝正急遽變短而感到沮喪吧。

白色耶誕

北國一年之中就屬12月最黑暗，幸虧有迎接耶誕節的各式活動為人們帶來光亮和溫暖，空氣中有薑餅和溫熱香料酒(瑞：glögg)傳來香氣。雖然近年來商店裡的耶誕布置早早就起跑，真正的倒數應該是從耶誕節前的4個週日開始，每個週日都要點起一根降臨(Advent)蠟燭，直到4根都點亮。小朋友們不亦樂乎，耶誕日曆裡每天都有驚喜，大人也乘機跟同事朋友舉行julebord年終餐會，這有點像我們尾牙的習俗。

12月13日露西亞節在瑞典是個具有代表的節日，在這一天之前，人們會選出一個少女來擔任露西亞(Lucia)的角色，雀屏中選的少女身穿白袍，頭頂蠟燭或燈泡做成的光冠，帶領著一群女侍遊行唱詩歌。

耶誕節前的生活步調緊湊異常，人們忙著採買過節用品和家人的禮物、寄卡片跟

❶ 北歐夏季有不少各式文化節慶活動。
❷ 當年在瑞典留學時的螯蝦派對。
❸ 耶誕樹下有好多禮物。
❹ 耶誕大餐吃完還有可口的甜點。
❺ 白色耶誕格外寧靜安詳。

親友們問候、和布置耶誕樹。12月24日耶誕夜是與家人團聚的時刻，吃吃喝喝熱鬧一番。耶誕大餐每個國家各有自己的傳統，光是挪威這裡就有3、4種常見的菜式，我婆婆是西挪威人，所以我們吃的是用風乾羊肉做的pinnekjøtt。

回想起我人生中的第一個白色耶誕。當時我興奮地站在窗前，看著雪花片片飄落，靜靜享受那種安詳的氣氛。有人說，雪的銀白是老天爺給北國居民的恩賜，讓漫長的冬日不再如此晦暗不堪，這點我是在同意也不過了。

大自然裡的慰藉

挪威人說「常到郊外走，身心沒煩惱」，也有人說大自然幾乎是瑞典人信仰的宗教。其實北歐這幾個國家的居民環保觀念普遍說來都很紮實，乾淨的空氣、潔淨的水質，是他們努力維持並引以為傲的事。

談起北歐人和他們與大自然的親密關係，還真是一言難盡。北歐人從小就進行很多接觸大自然的戶外活動。瑞典和挪威提倡從幼兒園開始到國小，不論季節和天氣，每天都要花一定的時間做戶外活動。小孩們玩得很開心，不害怕感冒，也不在乎衣服弄髒或弄濕。

有人甚至說大自然幾乎是瑞典人信仰的宗教了，他們尊重自然、景仰自然。一得閒，北歐人喜歡到大自然裡從事各項休閒活動，在那裡他們得以放鬆，身心靈都得到慰藉。北歐這幾個國家的居民環保觀念普遍來說都很紮實，乾淨的空氣、潔淨的水質，都是他們努力維持並引以為傲的事。哥本哈根市區內的運河裡有一個公共游泳池，奧斯陸的峽灣可以直接跳進去游泳，在斯德哥爾摩市中心的水域游泳釣魚也不成問題。

「公眾使用權」在瑞典挪威芬蘭這幾個國家是一個特殊的法律規定，讓人們可以自由地在大自然裡漫步行走，只要不靠近住家範圍打擾到他人的隱私就好。

大自然的公眾使用權

大自然裡的美景和休閒資源，應該是全民共享的。「公眾使用權」(瑞：Allemansrätten)在瑞典挪威芬蘭這幾個國家是一個特殊的法律規定，讓人們可以自由地在大自然裡漫步行走，甚至是從事露營、摘採菇莓等活動，即使是在私有的土地上也行，只要不靠近住家範圍打擾到他人的隱私就好。

這是一種「負責任的自由」。親近自然的人要懂得自我規範，毀壞花木、任意生火、或是留下垃圾之類的行為都是不被允許的，在公園裡溜狗的人也通常都會帶個小塑膠帶把狗大便撿起來。的確，在北歐的自然環境裡很少見到人為的破壞。遍地的青山綠水，加上不逾矩的人，說這裡是自然愛好者的天堂，也不為過呢。

跟著紅色的T走

台灣人喜歡湊熱鬧，看哪裡人多往哪裡去擠；挪威人則偏愛到自然裡找一個人跡罕至的角落，享受孤獨。從擁擠的台灣遷徙到地廣人稀的北歐，我發現真正讓我羨慕敬佩的人類不是在都市叢林裡能呼風喚雨的大老闆，而是在山林中可以無拘無束自由自在的荒野客，那是我很嚮往的境界。

挪威人有句話：「Gå på tur, aldri sur.」意思大概就是「常到郊外走，身心沒煩惱」。週末假日常可以看到人們扶老攜幼到城市附近的森林裡散步健走，呼吸新鮮空氣。背包裡帶上咖啡、麵包便當(matpakke)和輕便的坐墊(sitteunderlag)，簡單方便。

❶ ❷ 北歐人從小就從事很多戶外活動。
❸ 秋天郊山的家庭日。
❹ 紅色的山路標記，指引方向。
❺ 瑞典的健行路標，11月雪剛下。

挪威山旅協會(DNT)是挪威最大的戶外休閒組織，挪威人口的不到530萬，DNT有將近31萬的會員，比例非常高。他們在全國各地的山野間擁有超過530間的山屋(hytte)供人留宿，也負責標記登山路線，在野外只要跟著紅色的T走就不怕迷路了。此外他們也幫人規畫行程，一年四季都有活動，不管是不是會員都可以參加，會員享有折扣。兒童和青少年也是DNT的標的群，好及早向下扎根。

一個紐約時報的記者曾經來挪威體驗Hardangervidda國家公園的4日行程，以DNT的山屋作食宿基地，從這屋健行到那屋，不用背帳篷，也不用準備太多吃的。他認為欣賞峽灣的壯麗景致最好的方式就是步行，我非常同意。婆婆的老家位在西部的峽灣區，我們暑假期間常在那附近登山健行，登高望遠景色讓人屏息。

我的挪威大山經驗

移居挪威的第二年，我登上了Snøhetta海拔2286公尺的山巔。Snøhetta在挪威的山峰中排名第32，是Jotunheimen國家公園以外的最高點。台灣的高山是經由陸地板塊的強力推擠而成，挪威的山則是由冰河切割高地的結果，所以很多山差不多是一般高，2000-2500公尺的山峰就有300多座。

山不算高，卻不好爬。Snøhetta高緯度的地形和植被都跟亞熱帶的景象大異其趣，我們從海拔1,400公尺左右出發，那裡只有低矮的灌木，往上走的路更是只見苔原不見樹，遍地是大大小小的石頭。挪威人輕鬆地在石頭上跳來跳去，難怪鄰國丹麥人戲稱他們「山猿」！我缺乏這種地形的訓練，不時得小心翼翼地保持平衡，誰

知上山容易下山難，一趟路下來真是累煞我也。

從那次的經驗我了解到，體力、技巧和一雙好走的登山鞋是多麼重要，人和山之間的親密關係，怎是不流汗不喘氣可以建立出來的呢？

北歐人參加社團當義工

北歐人對組織社團這件事很熱衷，丹麥就有「社團的國度」之稱，北歐人不喜歡單打獨鬥出風頭，各式社會團體讓氣味相投的人可以聚在一起相互切磋。人不是孤島，必須隨時與他人接觸，並能從各式各樣的團體生活中找到依歸和慰藉。

跟熱情的南歐人相比，有人覺得北歐人在社交方面表現冷淡，其實他們的性格是比較害羞內斂，理性多於感性。朋友剛開始交往的時候慢熱，但一旦友誼培養出來之後就細水長流了。搬到一個陌生的北歐城市居住，要到哪裡去認識新朋友呢？最好的方法應該就是依自己的興趣加入當地的社團，合唱團很受歡迎，一些運動俱樂部也不錯。

北歐人對組織社團這件事很熱衷，丹麥就有「社團的國度」(丹：foreningernes land)之稱。釣客獵人、自行車騎士、甚至於早期的家庭主婦都有屬於自己的團體，北歐人不喜歡單打獨鬥出風頭，各式社會團體讓氣味相投的人可以聚在一起相互切磋，在一些議題上也是很好的意見傳聲筒，一如職場中的工會般。

北歐人在從事義工方面也十分活躍。義工並不侷限於慈善或社服機構，只要是不

挪威山野間的路線標記和維護，大都是義工的功勞。

挪威人的熱心公益，全國各地有450個左右的「義工協調中心」於地方扎根運作。

支薪的工作都算在內，層面很廣。北歐的社會福利制度完善，跟美國或歐洲其他國家比起來，文化與休閒性質的義工所佔的比例頗高。話雖如此，義工網絡還是有彌補社福不足之處的功用，是社會的重要資產。

義工協調機制

強大的民間部門對確保社會的自由、多樣性和權力平衡具有決定性影響。丹麥自1992起就成立了國家級的義工中心(CFSA, www.frivillighed.dk)，協助相關工作的發展與協調，並提供詳細的統計數據。丹麥全國約有10萬個自願性組織，2017年的資料顯示，有39%的丹麥人從事義工工作，63%過去5年曾經當過義工。

挪威人的熱心公益在國際間亦名列前茅。Frivillig.no是2015年成立的網路平台，幫需要義工的組織和想當義工的人找到彼此。目前挪威全國各地有450個左右的「義工協調中心」(挪：frivilligsentraler)，於地方扎根運作。義工的服務一般必須在公家的責任範圍之外，也不能是水電工、計程車司機之類的私人營業項目。常見的服務包括有老年人或行動不便者的居家拜訪、買菜購物和隨行就醫，幫小朋友補習功課，甚至舉辦烹飪文化課程，讓他國移民認識新朋友。這些活動對凝聚社區意識有很大的貢獻。

挪威的紅十字會也有一些固定的義工項目，其中包含了幫助難民融入挪威社會的接待家庭和語言訓練。我在市政府的一個部門同事就接待了一個敘利亞家庭。人不是孤島，必須隨時與他人接觸，並從各式各樣的團體生活中找到依歸和慰藉，有時幫助別人的成就感就是付出的最佳報償。

①

②

合唱團有音樂和社交

瑞典入圍奧斯卡最佳外語片的電影《就像在天堂》(As It Is in Heaven, 2004)是一個在教會合唱團裡發生的故事，休息時間大家總是會一起喝杯咖啡，話話家常。合唱團對很多人而言的確是重要的社交場所，但大家在音樂方面下的功夫也不馬虎，通常會安排些比賽或表演當作練唱的目標。

特隆赫姆有不少水準頗高的合唱團，諸如大教堂合唱團(Domkor)和曾經為電影《冰雪奇緣》獻唱的Cantus。合唱團的成員大多是業餘身分，其中不乏醫生、科學研究員和公務員等各界人士，合唱團裡的歌聲和友誼，想必對紓解生活壓力很有幫助。

2014年挪威國營電台NRK製作了《聖歌分分鐘》的慢電視節目。邀集了將近200個合唱團到特隆赫姆的聖母教堂進行60個小時不間斷的聖歌馬拉松，把教堂聖歌書裡的899首全部唱完。

節慶義工

北歐各式的文化活動也常有義工的需求。特隆赫姆城市雖然不大，人口不到20萬，但每年有不少琳瑯滿目的文化節慶，我的最愛是3月的國際電影節、5月的爵士音樂節、7月底8月初的烏拉夫節慶日和9月古典室內音樂節。

2018年我報名當爵士節和古典室內音樂節的義工，擔任節慶義工的好處是不用站崗的時候可以免費去欣賞不同的演出。對喜歡文化表演的人來說，這可省了一筆不小的開銷呢。

① 北歐有各式的合唱團，合唱團裡有歌聲和友誼。
② 文化節慶義工，不用站崗時可以免費欣賞演出。
③ 當地一年一度的「人民健康日」，義工教導人們如何使用健走杖。
④ 國中的學生可以選修社工課，每個星期2小時，跟著大人到不同的機關見習。這兩個小朋友正幫忙剷雪。
⑤ 「繪畫樂趣多」活動，大人小孩坐在一起學畫。此外還有縫紉、編織、烹飪等課程，由義工們主動發起，每週一次。
⑥ 義工中心為幾個正在學挪威文的各國移民舉辦了「實用語言訓練」，義工們在助人的同時，也可以體驗異國文化唷。
⑦ 市政府的一棟舊房子由義工中心接手，大家來幫忙整修。你刷油漆，我種花除草。

(3～7圖片由Frivillighetssentralen i Halden提供)

這就是北歐人

從食衣住行育樂了解北歐生活

作　　者　李清玉

總 編 輯　張芳玲
編輯部主任　張焙宜
發想企劃　taiya旅遊研究室
企劃編輯　劉育孜
主責編輯　翁湘惟
封面設計　林惠群
美術設計　林惠群

太雅出版社
TEL：(02)2882-0755　FAX：(02)2882-1500
E-mail：taiya@morningstar.com.tw
郵政信箱：台北市郵政53-1291號信箱
太雅網址：http://taiya.morningstar.com.tw
購書網址：http://www.morningstar.com.tw
讀者專線：(04)2359-5819 分機230

出 版 者　太雅出版有限公司
台北市11167劍潭路13號2樓
行政院新聞局局版台業字第五〇〇四號

總 經 銷　知己圖書股份有限公司
106台北市辛亥路一段30號9樓
TEL：(02)2367-2044／2367-2047　FAX：(02)2363-5741
407台中市西屯區工業30路1號
TEL：(04)2359-5819 FAX：(04)2359-5493
E-mail：service@morningstar.com.tw
網路書店 http://www.morningstar.com.tw
郵政劃撥　15060393(知己圖書股份有限公司)

法律顧問　陳思成律師

印　　刷　上好印刷股份有限公司　TEL：(04)2315-0280
裝　　訂　大和精緻製訂股份有限公司　TEL：(04)2311-0221

初　　版　西元2019年07月01日
定　　價　310元
(本書如有破損或缺頁，退換書請寄至：台中市西屯區工業30路1號　太雅出版倉儲部收)

ISBN 978-986-336-328-6
Published by TAIYA Publishing Co.,Ltd.
Printed in Taiwan

國家圖書館出版品預行編目(CIP)資料

這就是北歐人 / 李清玉作. -- 初版. --
臺北市 : 太雅, 2019.07
面 ; 公分. -- (世界主題之旅 ; 129)
ISBN 978-986-336-328-6(平裝
1.社會生活　2.文化　3.北歐
747.3　108006184

填線上回函，送"好禮"

感謝你購買太雅旅遊書籍！填寫線上讀者回函，
好康多多，並可收到太雅電子報、新書及講座資訊。

每單數月抽10位，送珍藏版
「祝福徽章」

方法：掃QR Code，填寫線上讀者回函，就有機會獲得珍藏版祝福徽章一份。

填修訂情報，就送精選
「好書一本」

方法：填寫線上讀者回函，並提供使用本書後的修訂情報，經查證無誤，就送太雅精選好書一本(書單詳見回函網站)。

***同時享有「好康1」的抽獎機會**

* 「好康1」及「好康2」的獲獎名單，我們會於每單數月的10日公布於太雅部落格與太雅愛看書粉絲團。

* 活動內容請依回函網站爲準。太雅出版社保留活動修改、變更、終止之權利。

太雅部落格 http://taiya.morningstar.com.tw

有行動力的旅行，從太雅出版社開始

活動辦法

- 於活動期間內，購買太雅旅遊書籍（不限品項及數量），憑該筆購買發票至太雅22週年活動網頁，填寫個人真實資料，並將購買發票和購買明細拍照上傳，即可參加抽獎。
- 每張發票號碼限登錄乙次，即可獲得1次抽獎機會。
- 參與本抽獎之發票須為正本(不得為手開式發票)，且照片中的發票上須可清楚辨識購買之太雅旅遊書，確實符合本活動設定之活動期間內，方可參加。
  *若電子發票存於載具，請務必於購買商品時告知店家印出紙本發票及明細，以便拍照上傳。

◎主辦單位擁有活動最終決定權，如有變更，將公布於活動網頁、太雅部落格及「太雅愛看書」粉絲專頁，恕不另行通知。